智慧图书馆标准体系建设研究

国家图书馆 编

国家图书馆出版社

图书在版编目（CIP）数据

智慧图书馆标准体系建设研究 / 国家图书馆
编 . -- 北京 : 国家图书馆出版社，2023.12
　　ISBN 978-7-5013-7591-2

　　I.①智… II.①国… III.①数字图书馆－标准体系－
体系建设－研究 IV.① G250.76-65

　　中国版本图书馆 CIP 数据核字（2022）第 175320 号

书　　名　**智慧图书馆标准体系建设研究**
　　　　　ZHIHUI TUSHUGUAN BIAOZHUN TIXI JIANSHE YANJIU
著　　者　国家图书馆　编
责任编辑　张　颀
助理编辑　何逸竹
封面设计　耕者设计工作室

出版发行　国家图书馆出版社（北京市西城区文津街 7 号　　100034）
　　　　　（原书目文献出版社　北京图书馆出版社）
　　　　　010-66114536　63802249　nlcpress@nlc.cn（邮购）
网　　址　http://www.nlcpress.com
排　　版　北京旅教文化传播有限公司
印　　装　河北鲁汇荣彩印刷有限公司
版次印次　2023 年 12 月第 1 版　2023 年 12 月第 1 次印刷

开　　本　710mm×1000mm　1/16
印　　张　10.75
字　　数　140 千字
书　　号　ISBN 978-7-5013-7591-2
定　　价　80.00 元

本书编写组

申晓娟　　　王文玲　　　张　琳　　　周　晨

孙保珍　　　杨　凡　　　武　翰　　　邱奉捷

韩新月　　　张孝天　　　王　浩　　　龙利方

韩　超　　　胡昱晓　　　戴建武　　　肖璟波

苏丽璇　　　赵志鹏

前　言

当前，新一轮科技革命和产业变革突飞猛进，5G、大数据、人工智能、区块链、物联网、云计算等新技术快速发展且应用日益广泛，智慧社会、智慧城市建设取得长足进展。智慧化作为一种发展趋势，向各行业各领域深入渗透，也由此带来了知识创造、知识交流、知识传播形态的急遽变化。作为推动全民阅读、服务终身学习、支持科技创新、服务经济社会发展的重要公共基础设施，图书馆积极适应技术环境新变化和用户知识服务新需求，在应用智能化技术与设备、提升发展水平和服务能力等方面做了许多有益的探索。在此基础上，"发展智慧图书馆"被纳入《中华人民共和国国民经济和社会发展第十四个五年规划和 2035 年远景目标纲要》，成为"加快数字化发展，建设数字中国"的重要举措之一。由国家图书馆策划，财政部、文化和旅游部指导的"全国智慧图书馆体系建设"项目被纳入"十四五"时期系列文化发展规划，并成为"十四五"时期实施国家文化数字化战略，健全现代公共文化服务体系的重大全局性工程。我国图书馆事业进入一个由数字化向智慧化加速转型的新阶段。

智慧图书馆建设是一项复杂的系统性工程，需要统筹考虑业务需求、用户服务、技术发展、开放共享、保障机制等各类因素，尤其重要的是，要对技术之间的深度融合、行业之间的边界模糊、用户需求的高度泛在化、平台之间的包容共生等趋势保持高度敏感，并在顶层设计上就有意识地通过标准

1

化手段确保图书馆能够更好地顺应这些发展趋势，从而为智慧图书馆顺利嵌入智慧城市、智慧生活、智慧科研等各种应用场景，与各种合作主体实现无障碍知识共享和服务协同奠定基础。近年来，智慧图书馆日渐成为学界和业界关注的热点之一，相关研究成果不断涌现，一些实践探索不断取得突破，有关智慧图书馆标准的研究虽有所进展，但相较于智慧图书馆其他领域的研究成果仍显薄弱，还难以支持通过标准化手段实现对智慧图书馆开放共享的顶层设计、建设运营与迭代升级实践的有效指导等现实目标。

为此，国家图书馆组织开展关于智慧图书馆标准体系的研究，该研究在借鉴数字图书馆建设时期所秉承的"标准先行"理念的基础上，提出覆盖智慧图书馆主要业务需求的标准体系，从而为人们认识和研究智慧图书馆提供一个新的视角，为智慧图书馆的规划设计提供参考，并为其可持续发展奠定基础。本书即该研究成果，梳理了国内外智慧图书馆及相关领域的标准规范研究进展；结合智慧图书馆应用场景，对所涉及的主要技术与业务领域现有标准化工作基础进行归纳分析；面向学界和业界专家开展深度访谈，面向公共图书馆、高校图书馆、科研院所图书馆进行问卷调查，以分析当前业界对于智慧图书馆标准体系建设的现实需求；在此基础上，结合图书馆工作实际，构建一个由基础标准、技术标准、资源标准、服务标准、空间标准和管理标准构成的智慧图书馆标准体系框架，并论述组成该体系的各子体系的建设内容，提出该体系的具体建设路径与建设对策建议。

全书由国家图书馆研究院组稿，申晓娟整体统筹，第一章研究背景与内容，由王文玲负责，龙利方参与撰写；第二章智慧图书馆标准相关研究现状，由张琳负责，韩超、胡昱晓参与撰写；第三章智慧图书馆标准建设及应用现状，由周晨、孙保珍负责，戴建武参与撰写；第四章智慧图书馆标准体系建设调研，由杨凡、武翰负责，肖璟波、苏丽璇、赵志鹏参与撰写；第五章智慧图书馆标准体系框架构建，由邱奉捷、韩新月负责，韩超、王浩、张孝天参与撰写；第六章我国智慧图书馆标准体系建设路径与标准实施对策，由张孝天负责，王浩参与撰写。申晓娟、邱奉捷、王浩负责全书统稿、修改与审校。研究过程得到了许多专家学者和各级各类图书馆的大力支持和热情帮助，在此表示衷心感谢！

　　目前，关于智慧图书馆的实践探索和理论研究都还在逐步发展过程中，智慧图书馆标准体系建设也将是一个在需求引导下不断调整和完善的过程。本书所提出的观点主要基于编写组对当下智慧图书馆的认识，难免有错误和疏漏之处，敬请方家批评指正。希望本书的编辑出版能够引发业界同人对智慧图书馆标准化工作的更多关注与思考，加强合作交流，共同完善智慧图书馆标准体系，联合推动重点领域亟需适用标准的研制与推广，以标准化工作助力图书馆事业的智慧化转型。

编者

2023 年 1 月

目 录

第一章　研究背景与内容

在全球信息革命的带动下，以数字化、网络化、智能化为特征的现代信息技术加速改变着人们的生产生活方式。自"智慧地球"概念提出后，多个国家将建设"智慧社会"提上日程。随着"智慧"理念不断被应用于城市、社区、校园等场景，以及医疗、公共文化服务等诸多领域，构建智慧、便捷、共享的社会生活方式成为广大民众的美好期待。2017 年，"智慧社会"被写入党的十九大报告，并在《中华人民共和国国民经济和社会发展第十四个五年规划和 2035 年远景目标纲要》中提出了发展"智慧图书馆"的社会信息化战略[①]，智慧图书馆建设从理论研究走向实践。

智慧图书馆建设是一个复杂的系统工程，只有遵循共同的标准规范，才能真正实现技术融合、数据融合，并在此基础上最终实现知识共享、协同服务、多系统交互和多机构协作。因此，研究建立智慧图书馆标准体系，并研制在智慧图书馆建设中应普遍遵循的标准，就成了智慧图书馆建设应当及早着手的工作。

本章将简单介绍国内外建设智慧社会的探索，明确提出智慧图书馆的内涵与外延，厘清标准及标准化、标准体系、图书馆标准体系以及智慧图书馆

---

①　中华人民共和国国民经济和社会发展第十四个五年规划和 2035 年远景目标纲要[EB/OL].[2022-03-25]. http://www.xinhuanet.com/2021-03/13/c_1127205564.htm.

1

标准体系等基本概念及相互关系，从理论与实践两方面阐述研究意义，确定研究内容和研究方法。

第一节　从智慧社会到智慧图书馆

随着信息技术的不断进步和发展，"智慧地球""智慧国家"等概念陆续出现，发达国家纷纷提出构建智慧社会的蓝图。20世纪90年代之后，全球掀起了以电子计算机和互联网为核心的信息革命，科技发展一日千里，创新日新月异，渗入经济、社会、生活的方方面面，对生产、流通、分配、消费等环节的重构产生重要影响。21世纪初美国IBM公司首次提出了"智慧地球"的概念，指出物联化、互联化和智能化是"智慧地球"三大构成要素，并向政府提出了投资建设新一代智慧型基础设施的建议[①]。2014年，新加坡提出了建设"智慧国家2025"的10年计划，为把新加坡打造成为"智慧国家"，新加坡政府将构建"智慧国家平台"，建设覆盖全岛数据收集、连接和分析的基础设施与操作系统，根据所获数据预测公民需求，提供更好的公共服务。可以说"智慧国家2025"是全球第一个智慧国家蓝图[②]。2016年，日本内阁会议在第五期（2016—2020年）科学技术基本计划中提出了"超智能社会"，即"社会5.0"，日本计划最大限度地利用信息通信技术（ICT），借助网络和物理空间（现实世界）两者的结合，明晰社会的种种需求，将必要的物品和服务在必要时以必要的程度提供给需要的人，让所有人都能享受

[①]　之江实验室.探路智慧社会[M].北京:中国科学技术出版社,2021:9.
[②]　杨剑勇.什么是"智慧国"？新加坡要造世界首个"智慧国"[EB/OL].[2022-03-25].
https://www.sohu.com/a/48691284_220528.

优质服务，建设超越年龄、性别、地区、语言差异的快乐舒适的社会①。此外，以美国、英国、欧盟等为代表的全球主要经济体也相继出台政策规划，积极推动新兴信息技术在经济社会各领域的深入应用。

我国也立足本国国情，积极探索智慧社会的发展之路，将打造智慧社会、智慧城市等列入发展规划。图书馆作为重要公共基础设施，在新形势下面临着从传统图书馆、数字图书馆到智慧图书馆的转型发展。一些图书馆率先应用现代信息技术，积极探索智慧图书馆的建设与发展。"十四五"以来，国家层面陆续出台多项政策，部署"智慧图书馆"建设，为智慧图书馆的发展提供了强有力的政策保障。

一、对智慧社会建设的政策部署

我国紧跟全球建设智慧社会的步伐，积极探寻发展之路。2009 年，北京市在城市规划报告书中首次设立"智慧型城市"建设目标，随后"智慧广州""智慧南京"等规划目标纷纷确立，"智慧"理念不断被应用于城市医疗、金融、教育等重要领域。2012 年 11 月，住建部发布《国家智慧城市试点暂行管理办法》和《国家智慧城市（区、镇）试点指标体系（试行）》。2014 年中共中央、国务院印发《国家新型城镇化规划（2014—2020 年）》，明确提出"推进智慧城市建设"②。2016 年，《中华人民共和国国民经济和社会发展第十三个五年规划纲要》明确提出加强现代信息基础设施建设，推

---

① 薛亮.日本第五期科学技术基本计划推动实现超智能社会"社会5.0"[J].上海人大月刊,2017（2）:53-54.
② 国家新型城镇化规划（2014—2020 年）[EB/OL].[2022-11-27]. http://www.gov.cn/zhengce/2014-03/16/content_2640075.htm.

进大数据和物联网发展，建设智慧城市①。2017 年 11 月，党的十九大报告将"智慧社会"写入其中，并将其与科技强国、质量强国、航天强国、网络强国、交通强国、数字中国并列，为信息化建设指明了新方向和新目标，信息社会发展进入新阶段。

二、推动智慧图书馆建设的政策导向

20 世纪 90 年代以来，我国图书馆界主动迎接信息化发展的时代浪潮，积极推进数字图书馆建设研究与实践，先后组织实施了国家数字图书馆工程、中国高等教育数字图书馆、数字图书馆推广工程等一批全局性数字图书馆建设项目，构建了标准统一、覆盖广泛、高效便捷的国家数字图书馆服务网络，在数字图书馆软硬件系统开发、数字资源共建共享、标准规范体系建设、数字化服务推广等方面积累了丰富经验，较好地实现了从传统图书馆到数字图书馆的转型发展②。随着数字图书馆兴起与发展，数字资源建设与服务在规模和质量上都实现了飞跃，服务覆盖互联网、移动通信网、广播电视网以及计算机、手机、数字电视、平板电脑、手持阅读器等终端。

当前，以 5G 网络、人工智能、大数据、云计算、物联网、区块链等新一代信息技术为代表的新一轮科技革命和产业变革进一步深入发展，数字技术全面融入社会交往和日常生活，以数字化知识信息为关键生产要素的数字经济快速增长。同时智慧社会建设不断推进，智慧社区、智慧校园、智慧医疗、智慧养老等诸多智慧项目纷纷涌现。构筑智慧便捷、全民畅享的美好数

---

① 中华人民共和国国民经济和社会发展第十三个五年规划[EB/OL].[2022-03-25]. http://www.gov.cn/xinwen/2016-03/17/content_5054992.htm.

② 饶权.全国智慧图书馆体系：开启图书馆智慧化转型新篇章[J].中国图书馆学报,2021（1）:4-14.

字生活新图景，已经成为广大人民群众美好生活新期待的重要内容。

图书馆作为推动全民阅读、服务终身学习、支持科技创新的重要公共基础设施，在新技术环境下正面临着前所未有的机遇与挑战。运用新兴信息技术，实现从传统图书馆、数字图书馆到智慧图书馆的转型，是图书馆发展的关键环节，也是国家政策关注的一个领域。

2017 年 7 月，文化部印发了《"十三五"时期全国公共图书馆事业发展规划》，提出图书馆的发展应结合国家重大信息工程建设，加强先进技术研究转化和应用，利用云计算、大数据等信息技术，推动图书馆信息化装备和系统软件的研发应用，提升公共图书馆的现代化服务水平[①]。2021 年 3 月，第十三届全国人民代表大会第四次会议通过的《中华人民共和国国民经济和社会发展第十四个五年规划和 2035 年远景目标纲要》（下文简称《纲要》）首次在国家五年规划中提出了发展"智慧图书馆"，并将智慧图书馆作为数字社会建设的重要内容[②]。

同月，文化和旅游部、国家发展改革委和财政部印发的《关于推动公共文化服务高质量发展的意见》，提出要"加强智慧图书馆体系建设，建立覆盖全国的图书馆智慧服务和管理架构"，将"智慧图书馆"建设作为"加快推进公共文化服务数字化"的重要举措，为我国"十四五"期间公共图书馆的智慧化发展指明了方向[③]。2021 年 4 月，文化和旅游部发布的《"十四五"文化和旅游发展规划》进一步提出要"统筹推进智慧图书馆"，并详细阐明要"以全国智慧图书馆体系建设为核心，搭建一套支撑智慧图书馆运行的云

---

① 文化部关于印发《"十三五"时期全国公共图书馆事业发展规划》的通知[EB/OL].[2022-03-25]. http://www.gov.cn/xinwen/2017-07/07/content_5230578. htm.

② 中华人民共和国国民经济和社会发展第十四个五年规划和 2035 年远景目标纲要[EB/OL]. [2022-03-25]. http://www.xinhuanet.com/2021-03/13/c_1127205564. htm.

③ 文化和旅游部　国家发展改革委　财政部关于推动公共文化服务高质量发展的意见[EB/OL]. [2021-08-30]. http://zwgk.mct.gov.cn/zfxxgkml/ggfw/202103/t20210323_923230. html.

基础设施，形成国家层面知识内容集成仓储，建设和运行智慧图书馆管理系统，在全国各级图书馆及其基层服务网点普遍建立实体智慧服务空间"；明确提出要推广"互联网＋公共文化"，推动数字文化工程转型升级、资源整合，统筹推进智慧图书馆、公共文化云服务体系建设①。2021 年 6 月，文化和旅游部印发的《"十四五"公共文化服务体系建设规划》提出力争到"十四五"末我国智慧图书馆体系建设取得明显进展的发展目标，要求推动实施智慧图书馆统一平台建设，推动公共图书馆的智慧化运营，加强基层公共文化机构的智慧化服务与管理②。

由此可见，"十四五"时期，智慧图书馆已经成为图书馆事业发展新焦点，要以全国智慧图书馆体系建设为契机，以"更快的发展速度、更广的辐射范围、更深的影响程度、更多元的数据信息融合、更大的效益效能、更受欢迎的服务环境、站位更高的理念思路改变中国当代图书馆事业创新和高质量发展的面貌"③。

三、图书馆智慧化建设的初步探索与实践

随着国家建设智慧图书馆的相关政策的陆续颁布和实施，一些图书馆率先应用现代信息技术，积极推动资源、服务、设施、管理等领域的智慧化转型创新，在一些方面实现了突破，积累了一些可推广的经验与做法。

例如，国家图书馆与出版机构、企业合作，探索打造基于 5G、全景视

---

① 文化和旅游部关于印发《"十四五"文化和旅游发展规划》的通知[EB/OL].[2021-06-13].http://www.gov.cn/zhengce/zhengceku/2021-06/03/content_5615106.htm.

② 文化和旅游部关于印发《"十四五"公共文化服务体系建设规划》的通知[EB/OL].[2021-09-27].https://www.gov.cn/zhengce/zhengceku/2021-06/23/content_5620456.htm.

③ 王世伟.论数字中国背景下的图书馆智慧化转型[J].中国图书馆学报,2022(1):29-37.

频、全息影像等新技术的沉浸式阅读体验，将馆藏精品加工成全息影像资源，应用270度大屏、虚拟现实（VR）眼镜等设备，为公众提供全景交互式阅读体验[1]。江西省图书馆在新馆建设中，联合企业共同探索搭建智慧图书馆，系统规划了智慧发展方案，运用了云计算、大数据、物联网、人脸识别和无感借阅等多项智慧技术，并引入了数字大屏、智能书架、射频识别（RFID）图书分拣系统、VR、智能球幕等设备，打造了音乐体验区、5D影院、智慧教室等智慧区[2]。上海图书馆在东馆建设中，以云计算和大数据为支撑，积极推进人工智能和物联网等技术的普惠化和多元化应用，部署以建筑信息模型（BIM）系统为主的智慧楼宇，实现场馆预约、定位和导航等功能[3]。苏州第二图书馆建设了国内首个大型智能化集成书库，实现了资源的智慧管理与智慧借阅；在数字体验馆搭载了多个科技类体验项目，如VR自由体验区、智能投影互动墙、虚拟解说员、3D立体书体验等[4]。南京大学智能机器人研究院联合南京大学图书馆自主设计研发了智能图书盘点机器人，融合物联网感知、计算机视觉、大数据处理、人工智能、智能机器人等技术，采用RFID技术定位图书内嵌芯片和计算机视觉识别书脊信息，实现精确全自动化盘点与定位[5]。广东省立中山图书馆建设了图书采分编智能作业系统——"采编图灵"，应用物联网、人工智能、工业机器人等技术，实现采编业务从传统人工作业向自动化、智能化操作的转型升级[6]。

　　总体来看，目前的探索虽有一定进展，但还主要局限于图书馆业务的某

---

　　① 饶权.全国智慧图书馆体系：开启图书馆智慧化转型新篇章[J].中国图书馆学报,2021（1）:4-14.

　　②③④ 胡娟,柯平.我国智慧图书馆的发展现状与发展趋势研究[J].图书馆建设,2022（2）:80-89,101.

　　⑤ 南京大学图书馆.智慧盘点机器人[EB/OL]. [2022-10-07]. http://lib.nju.edu.cn/zhtsg/zhpdjqr. htm.

　　⑥ 广东省立中山图书馆"采编图灵"系统引领图书馆行业科技创新[EB/OL]. [2022-10-07]. http://whly.gd.gov.cn/news_newzwhd/content/post_3490510.html.

些环节，还没有建立贯穿全类型文献资源、全流程业务管理、大数据分析驱动、智能知识关联与推送的智慧化管理和服务平台，图书馆的全面智慧化转型升级之路还不明晰。因此，有必要基于当前理论研究与实践探索，借鉴数字图书馆建设成功经验，做好全国智慧图书馆建设的顶层设计和整体规划，并同步构建标准体系，使智慧图书馆在建设之初就能遵循统一标准，并为今后的可持续发展奠定坚实基础。

第二节　智慧图书馆标准体系建设研究的意义

标准指"通过标准化活动，按照规定的程序经协商一致制定，为各种活动或其结果提供规则、指南或特性，供共同使用和重复使用的文件"①。"一定范围内的标准按其内在联系形成的科学的有机整体"②即构成标准体系。智慧图书馆建设是一个复杂的系统工程，遵循共同的标准规范是智慧图书馆建设实现海量知识资源汇聚融合与协同服务及多系统交互、多机构协同的基础。建立结构合理、层次清晰、联系紧密、相互协调、满足需求的智慧图书馆标准体系并贯彻实施，可为智慧图书馆的技术应用、资源建设、服务提供、空间建设、规范管理乃至全国智慧图书馆体系建设提供科学、系统、实用的标准支撑；可通过标准的引导作用，推动智慧图书馆业务整合协同、数据汇聚融合、信息共建共享、系统互联互通、服务集成协调；可通过为信息、数据

---

① 中华人民共和国国家质量监督检验检疫总局,中国国家标准化管理委员会.标准化工作指南　第1部分:标准化和相关活动的通用术语:GB/T 20000.1—2014[S].北京:中国标准出版社,2015:3.

② 中华人民共和国国家质量监督检验检疫总局,中国国家标准化管理委员会.标准体系构建原则和要求:GB/T 13016—2018[S].北京:中国标准出版社,2018:1.

与系统的开放、共享、融合提供指引，推动智慧图书馆建设嵌入智慧城市、智慧生活、智慧科研、智慧创新等各种应用场景，从而支持智慧图书馆建设实现规范发展、合作发展、规模发展和可持续发展。具体而言，智慧图书馆标准体系建设研究具有理论意义和实践意义。

一、理论意义

目前，图书馆向智慧化转型和发展还处于探索阶段，亟须从学术研究层面深入探讨基础理论问题，如智慧图书馆的概念及特征、智慧图书馆的可行建设模式和实现路径、智慧化技术的应用方案、智慧图书馆建设标准体系及相关标准研究等。有关这些问题的研究将有助于智慧图书馆实践的开展，并为实践提供理论指导。

图书馆历来重视标准规范的开发和应用，标准化工作对图书馆事业发展起到了非常重要的积极意义，主要体现在：图书馆工作有着独特的内容和方法，采访、编目、管理、服务等具体业务中涉及一系列相关专业技术.历代图书馆人在实践的基础上，不断研究、提练，形成行业广泛认同和共同遵守的技术规范。这些技术规范一方面促进了全行业专业技术水平的整体提高，另一方面也为这些专业技术在图书馆领域的广泛应用和发展进步奠定了基础。其次，标准化工作是图书馆与图书馆之间，乃至图书馆与其他信息服务机构之间进行资源共享、服务协同、平台共建等工作的基础，拓展了图书馆的合作与交流。正因标准规范对图书馆事业发展的重要作用，图书馆标准体系研究业已成为图书馆学理论体系的重要组成部分。

目前，关于智慧图书馆建设的理论与实践研究已经成为图书情报领域的重点研究课题之一，智慧图书馆标准体系研究属于智慧图书馆理论研究的一部分，本书关于智慧图书馆标准体系的研究，将会充实智慧图书馆理论研究的内容，进而丰富图书馆基础理论研究成果。

二、实践意义

智慧图书馆与数字图书馆一样，本质上是信息技术在图书馆领域的应用，是信息技术发展的必然产物。建设智慧图书馆，就是要以数字图书馆阶段的资源储备为基础，以5G、人工智能、云计算、区块链等新型信息技术为支撑，推动图书馆事业实现更高质量、更高水平的发展。在智慧图书馆建设过程中，标准化工作应当被摆在优先地位。

第一，从国家标准化战略层面看，2021年10月，中共中央、国务院印发《国家标准化发展纲要》，指出"标准是经济活动和社会发展的技术支撑，是国家基础性制度的重要方面。标准化在推进国家治理体系和治理能力现代化中发挥着基础性、引领性作用"，并提出要实施基本公共服务标准体系建设工程，重点健全和推广全国统一的公共文化体育等领域技术标准，使发展成果更多更公平惠及全体人民[①]。2022年7月，市场监管总局等16部门发布《关于印发贯彻实施〈国家标准化发展纲要〉行动计划的通知》，提出加大新兴产业标准支撑力度，实施新产业标准化领航工程，根据不同产业发展的趋势和特点，分类制定相关领域标准体系规划，推动重点标准研制；集中研制一批引领新一代信息技术与各产业良性互动、深度融合的国家标准[②]。智慧图书馆标准化工作是国家标准化战略在图书馆领域的重要实践。

---

① 国家标准化发展纲要[EB/OL]. [2022-04-23]. https://www.ndrc.gov.cn/fggz/fzzlgh/gjjzxgh/202112/t20211201_1306575. html?code=&state=123.

② 关于印发贯彻实施《国家标准化发展纲要》行动计划的通知[EB/OL]. [2022-07-06]. https://www.gov.cn/zzhengce/zhengceku/2022-07/09/content_570017/. htm.

第二，从我国图书馆发展的历史进程看，不论是传统图书馆还是数字图书馆的发展，均离不开标准，尤其是在数字图书馆建设中，以国家数字图书馆工程、国家科技图书文献中心（NSTL）、大学数字图书馆国际合作计划（CADAL）和中国高等教育文献保障系统（CALIS）等国家级数字图书馆建设项目所制定的标准为基础，形成了比较完善的数字图书馆建设标准规范体系，统一的建设标准与规范为我国的数字图书馆建设提供了可遵循和参考的依据，既保证了资源的共建共享，又保证了系统之间的互联互通以及系统的复用性，避免了系统之间各自为政、形成信息孤岛的现象。坚持"标准规范先行"在智慧图书馆建设实践中具有同样的积极意义。

第三，现代信息技术的发展日新月异，智慧图书馆的建设必然是一个"智慧迭代，持续生长"的过程。为适应技术的发展进步，必须采用相对灵活的、模块化的方式来建设智慧图书馆。为确保不同模块之间能够无缝对接、高度协同，同时支持来自各方面的应用都能够搭载在智慧图书馆系统平台上，就必须遵循统一标准。可以说，统一的智慧图书馆建设标准和完善的智慧图书馆标准体系，是保持智慧图书馆系统平台开放生长，跟得上技术发展、跟得上时代进步的关键。

第四，智慧图书馆作为新事物，还没有固定成熟的建设经验和案例，还处在边摸索边建设过程中。在建设伊始，就对智慧图书馆建设可能涉及的标准需求进行梳理，同时参考其他智能化信息技术应用及智慧城市建设等相关领域的建设情况，形成较为完善的智慧图书馆标准体系框架，并在此基础上厘清哪些标准可以直接采用相关领域标准或数字图书馆阶段已制定标准、哪些需要在现行标准基础上进行修订以及哪些需要重新开发研制，将为我国智慧图书馆建设提供清晰的标准化工作路径，从而更好服务于智慧图书馆核心业务的标准化、规范化发展。

第三节　智慧图书馆标准体系建设研究的内容和方法

一、研究内容

国家标准《标准体系构建原则和要求》（GB/T 13016—2018）中规定了构建标准体系的一般方法，包括确定标准化方针目标、调查研究、分析整理、编制标准体系表、动态维护更新等5个方面[①]。本研究参考上述方法，按照理论—实证—应用的研究思路，梳理智慧图书馆及相关领域标准的研究、建设和应用现状，在文献调研、面向专家与图书馆机构的问卷调查基础上，分析智慧图书馆标准体系建设的现实需求，确定标准体系建设的基本原则，研究提出智慧图书馆标准体系框架、各子体系间的相互关系及所应包含的主要标准内容，并提出智慧图书馆标准体系建设路径和实施策略。具体研究框架如图1-1所示。

第一，对国内外关于智慧图书馆及其标准理论研究进行调研。调查国内、国外关于"智慧图书馆"概念的提出、发展过程，对智慧图书馆的内涵、外延及边界进行探讨。对智慧图书馆标准及其体系框架相关研究成果进行收集、整理，归纳标准体系所涉及的内容、范围，就智慧图书馆标准的构建原则、依据等研究成果进行分析评价。对人工智能、知识图谱、智慧城市、智慧博物馆等相关领域的标准体系研究及建设情况进行调查，分析其经验与不足。

---

①　中华人民共和国国家质量监督检验检疫总局,中国国家标准化管理委员会.标准体系构建原则和要求:GB/T 13016—2018[S].北京:中国标准出版社,2018:2-4.

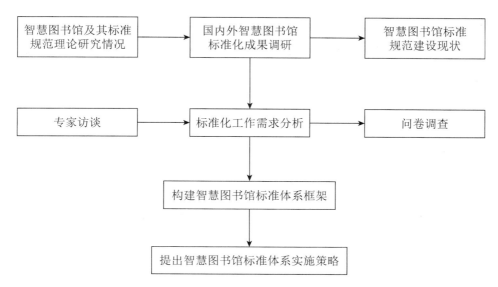

图1-1 智慧图书馆标准体系建设研究框架

第二，对国内外智慧图书馆标准建设的现状及相关成果进行调研。从图书馆的智慧化发展入手，结合信息技术在图书馆的智慧化应用场景，对国内外智慧图书馆建设的主要及核心业务领域的标准进行梳理，对相关标准的发展方向及趋势作出分析和判断。

第三，对当前我国智慧图书馆建设标准化工作需求进行分析。以领域专家和图书馆机构为目标，有针对性地设计调查问卷。在前期调研的基础上初步提出智慧图书馆标准体系框架，以此为靶标，就智慧图书馆项目及标准建设情况、智慧图书馆标准建设重点领域和优先标准、智慧图书馆标准的宣传推广等征求专家及图书馆机构的意见，对领域专家及图书馆机构的反馈及建议进行梳理和分析。

第四，对我国智慧图书馆标准体系框架及建设内容进行探讨。在调研和需求分析的基础上，进一步明确智慧图书馆标准体系的构建原则，提出智慧图书馆标准体系的总体框架，并对标准体系的内容要素及具体建设内容进行详细阐述。

第五，提出我国智慧图书馆标准体系的建设路径与实施策略，着眼于解决"怎么建""如何用"的问题。

二、研究方法

根据上述研究思路和研究内容，本研究主要采取文献调研法、比较分析法、访谈分析法和问卷调查法。

（一）文献调研法

文献调研法是指收集、鉴别、整理文献，获取有用信息，并通过对文献的研究形成对事实科学认识的研究方法。本研究通过文献调研法查阅中外文数据库，浏览阅读国内外图书、期刊等相关文献，搜集国内外各大图书馆、文献信息机构官方发布的年报、研究资料等，对国内外智慧图书馆发展、标准体系建设现状等方面的相关文献进行梳理、归纳，为我国智慧图书馆标准体系构建提供参考。

（二）比较分析法

比较分析法是指在社会科学研究中，通过对两个或两个以上的研究对象加以比较而获取相关信息的方法，可以进行横向比较和纵向比较。本研究通过比较分析法，将智慧图书馆标准体系框架与现有图书馆标准体系进行对比，同时通过与智慧城市、智慧博物馆等其他智能技术应用领域标准体系进行对比，总结其特点，以为本研究提供借鉴。

（三）访谈分析法

访谈分析法是指访员通过一对一、面对面的深度交谈来了解受访者心理和行为的一种研究方法。本研究通过访谈分析法对业界专家进行一对一深度访谈，针对我国智慧图书馆标准体系建设及其机制征求专家意见，以修正本研究所提出的智慧图书馆标准体系。

（四）问卷调查法

问卷调查法是指以书面提出问题的方式搜集意见和看法等相关研究材料的一种调查手段。本研究通过问卷调查法了解部分图书馆的态度与观点，并对回收问卷进行综合统计分析，与专家访谈结果相对照，以进一步深入了解业界关于智慧图书馆标准体系建设重点和优先建设事项的需求。

（执笔人：王文玲、龙利方）

第二章　智慧图书馆标准相关研究现状

智慧图书馆的概念自提出至今已有 20 余年，但其理论研究与实践发展仍处于起步阶段，学界和业界关于智慧图书馆的研究多集中在概念特征、构成要素等内涵分析以及主要功能和服务模式等技术应用方面。近年来，有关智慧图书馆标准的研究也逐步受到关注，但相较而言总体上系统性的理论研究成果还较为缺乏。本章在研究智慧图书馆标准相关理论研究成果的基础上，将研究范围适度扩展至人工智能、知识图谱等智慧图书馆重点技术应用领域，以及智慧城市和智慧博物馆等关系较为密切或相似度较高的领域，旨在为智慧图书馆标准体系建设提供思路和借鉴。

第一节　智慧图书馆领域标准文献研究现状

一、研究概况

本研究以 CNKI 中国学术文献网络出版总库为数据源，以 "AB%=智慧*

图书馆＊标准"为检索式，共获得文献187篇，进行数据清洗后得到172条记录，检索时间为2023年1月12日。从文献计量角度，对172篇文献的发表年度、机构分布、作者分布、学科分布、文献来源、研究内容进行统计分析，可以大致了解智慧图书馆标准研究总体情况。如图2-1所示，国内对智慧图书馆标准的理论研究始于2010年，年均发文量近15篇，总体而言成果并不多。2016年后增长显著，近82%的文献发表于2017年至2022年，显示业界近年对智慧图书馆标准研究关注度明显提升。

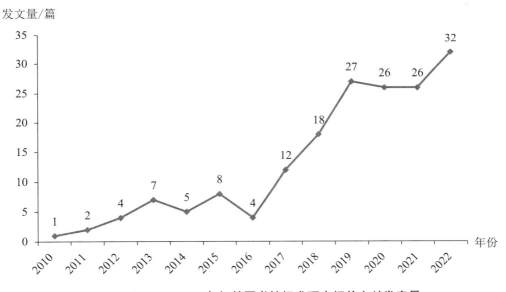

图2-1　2010—2022年智慧图书馆标准研究相关文献发表量

按所有发文作者所在机构分析，研究成果产出较多的除国家图书馆外多为高等院校，图2-2显示了智慧图书馆标准研究发文量排名前十的机构。

发文量/篇

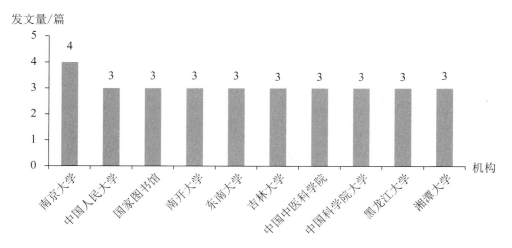

图 2-2 智慧图书馆标准研究相关机构分布

按发文作者分析，研究成果数量最多的为中国科学院大学初景利、段美珍，紧随其后的是南开大学柯平，中国科学院文献情报中心张东荣，南京晓庄学院陆康、刘惠，南京大学傅荣贤，中国人民大学蒋玲、卢小宾、洪先锋，以及上海图书馆刘炜，如图 2-3 所示。

发文量/篇

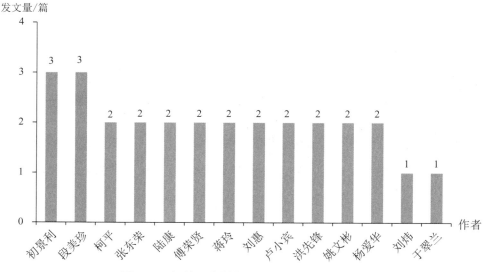

图 2-3 智慧图书馆标准研究相关作者分布

从学科分布情况看，现有研究成果中49%来自图书情报与数字图书馆领域，27%来自计算机软件及计算机应用领域，相对较为集中，如图2-4所示。

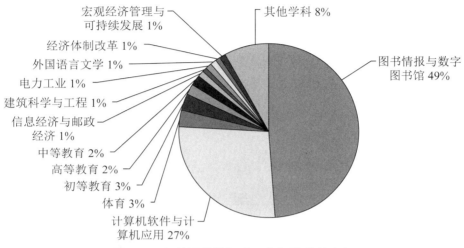

图2-4 智慧图书馆标准研究相关学科分布

从文献来源看，主要集中于图书馆研究领域学术刊物，如见图2-5所示。

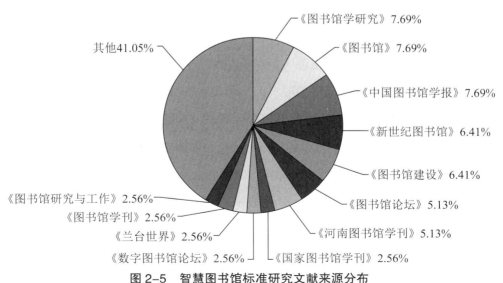

图2-5 智慧图书馆标准研究文献来源分布

从研究内容看，目前关于智慧图书馆标准的研究主要集中于技术应用等方面如应用研究、开发研究与技术研究领域，但基础性理论研究则相对较少，制度性、理论性研究相对较少，如图2-6所示。

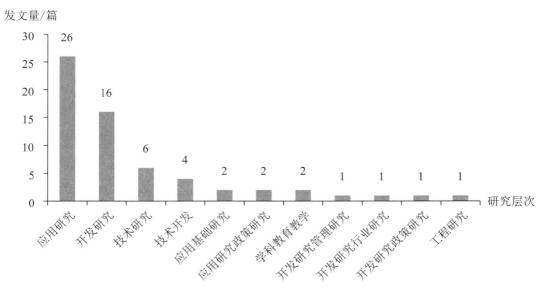

图 2-6　智慧图书馆标准研究研究层次分布

高频关键词分布能反应特定领域的研究现状和研究特点，在本研究检索所得的172篇文献中，去除"智慧图书馆"等检索关键词，高频关键词包括"智慧图书馆""智慧服务""人工智能""大数据""物联网""知识服务""数字图书馆"等，这表明关于智慧图书馆标准的研究更为关注相关技术的应用以及图书馆的智慧服务和知识服务，如图2-7所示。

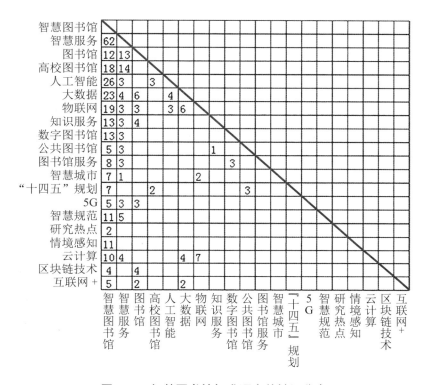

图 2-7 智慧图书馆标准研究关键词分布

二、研究内容

（一）智慧图书馆概念辨析

根据国家标准《标准体系构建原则和要求》（GB/T 13016—2018）的规定，标准体系的范围和边界，是构建标准体系之前应当明确的内容之一[①]。因

---

① 中华人民共和国国家质量监督检验检疫总局,中国国家标准化管理委员会.标准体系构建原则和要求:GB/T 13016—2018[S].北京:中国标准出版社,2018:2.

此，构建智慧图书馆标准体系首先应当厘清该标准体系的范围和边界[①]。

"智慧图书馆"一词，最早由芬兰奥卢大学图书馆 Aittola 等在 2003 年提出[②]，他们在第五届移动人机交互国际研讨会上发表的论文所介绍的"smart library"，更确切地说，是一种位置感知的移动图书馆服务，即为用户的掌上电脑提供基于地图的指引服务，使用户在图书馆目录中所检索到的目标图书能够被定位，从而实现从用户位置到书籍的动态引导[③]，业界通常将这一服务称为图书馆架位导航或室内导航。目前，上海图书馆[④]、南京大学图书馆[⑤]等都已提供了类似服务。这里所说的"smart library"与今天业界普遍讨论的智慧图书馆尚不完全等同，至多只是智慧图书馆提供的一项服务而已。

2000 年前后，李艳丽[⑥]、张洁[⑦]等人受智能建筑启发，开始研究将智能技术应用于图书馆建筑形成"智能图书馆"。2010 年前后，受"智慧地球"理念影响，严栋[⑧]、董晓霞[⑨]、阮孟禹[⑩]、王世伟[⑪]等陆续提出"智慧图书馆"概

---

① 申晓娟，邱奉捷，杨凡.智慧图书馆标准体系的构建[J].中国图书馆学报,2023（3）:41-54.

② 卢小宾，宋姬芳，蒋玲，等.智慧图书馆建设标准探析[J].中国图书馆学报,2021（1）:15-33.

③ AITTOLA M，RYHANEN T，OJALA T. Smart library:location-aware mobile library service[C]//Proceedings of 5th International Symposium on Human-Computer Interaction with Mobile Devices and Services. Udine，Italy,2003:411-415.

④ 上海图书馆打造"智慧图书馆"[EB/OL].[2022-03-13]. https://www.mct.gov.cn/whzx/qgwhxxlb/sh/201503/t20150304_781657. htm.

⑤ 傅平，邹小筑，吴丹，等.回顾与展望:人工智能在图书馆的应用[J].图书情报知识,2018（2）:50-60.

⑥ 李艳丽，刘春杰.智能图书馆的结构化布线系统[J].山东图书馆季刊,2000（3）:70-71.

⑦ 张洁，李瑾.智能图书馆[J].图书馆理论与实践,2000（6）:12-13,31.

⑧ 严栋.基于物联网的智慧图书馆[J].图书馆学刊,2010（7）:8-10.

⑨ 董晓霞，龚向阳，张若林，等.智慧图书馆的定义、设计以及实现[J].现代图书情报技术,2011（2）:76-80.

⑩ 阮孟禹."智慧"语境下的智慧图书馆刍议[J].中共福建省委党校学报,2011（12）:111-114.

⑪ 王世伟.未来图书馆的新模式——智慧图书馆[J].图书馆建设,2011（12）:1-5.

念。经过多年的学术研讨和实践探索，智慧图书馆理念已广为学界和业界接受，"智能时代的图书馆发展转型""数字中国战略背景下的智慧图书馆转型"分别被列入2020年度[①]和2021年度[②]中国图情档学界十大学术热点。"十四五"伊始，"全国智慧图书馆体系"建设作为一项重大文化工程开始在全国范围内实施。

　　尽管智慧图书馆的研究如火如荼，对智慧图书馆的理解与界定，仍然是仁者见仁，智者见智。目前学界关于智慧图书馆概念的认识大致可归纳为以下五种视角。①技术与设备视角，即从智能技术与设备利用角度来定义智慧图书馆，认为智慧图书馆是"图书馆、物联网、云计算与智慧化设备的结合"[③]，是"把新技术智能设备安装在图书馆现代化建筑之中"[④]。②服务视角，即从所能够提供的服务来界定智慧图书馆，认为智慧图书馆从以书、以资源为中心转为以信息服务为中心[⑤]，是"能够提供智慧服务的图书馆"[⑥]。③"管理+服务"视角，即认为智慧图书馆是"实现智慧化服务和管理的图书馆模式"[⑦]，"智慧图书馆的终极目标是图书馆的管理和服务可以智慧化地完成，无需人工干预"[⑧]。④综合视角，即认为智慧图书馆既体现在技术、资源、设备、空间等物理因素的智慧化上，也体现在馆员、管理和服务等内在因素的智慧化上，是集技术、资源、服务、馆员和用户于一身的智慧协同体[⑨]。⑤关联视角，即关注人、书、建筑、空间、设施设备与用户服务之间的关

---

① 2020年度中国图情档学界十大学术热点[J].情报资料工作,2021（1）:5-14.

② 2021年度中国图情档学界十大学术热点[J].情报资料工作,2022（1）:5-12.

③⑦ 严栋.基于物联网的智慧图书馆[J].图书馆学刊,2010（7）:8-10.

④ 陈鸿鹄.智能图书馆设计思想及结构初探[J].现代情报,2006（1）:116-118.

⑤⑧ 图书馆未来的样子——"智慧图书馆"（上）[EB/OL].[2023-01-12].https://mp.weixin.qq.com/s/aEdjC4fl0TsPondH2d-MeA.

⑥ 刘炜.智慧图书馆十问[J].图书馆理论与实践,2022（3）:1-6.

⑨ 李显志,邵波.国内智慧图书馆理论研究现状分析与对策[J].图书馆杂志,2013（8）:12-17.

联关系，认为"物与物、人与物之间互联互通是智慧图书馆实现的核心要素"①，智慧图书馆是"书书相联、书人相联、人人相联、馆馆相联"的图书馆②。

许多研究者认为智慧图书馆与数字图书馆有着较为密切的联系，智慧图书馆是建立在数字图书馆基础之上的新型图书馆，具有物联网和数字图书馆的双重特征③。智慧图书馆是数字图书馆的高级阶段和未来发展趋势④，是感知智慧化和数字图书馆服务智慧化的综合⑤，其服务比数字图书馆更贴近用户，更智慧化⑥；二者是发展与递进的关系⑦，智慧图书馆在数字图书馆的基础上，进一步提升了图书馆管理与服务的自动化和智能化水平⑧。也有学者认为，无论是计算机图书馆、网络图书馆、数字图书馆、移动图书馆还是智慧图书馆，都不过是图书馆一个发展阶段，一个更为先进的高级发展阶段⑨。

本研究更倾向于认为智慧图书馆是图书馆的一个发展阶段，这个阶段与新兴技术的发展及在图书馆的广泛应用息息相关。当前，我们正在经历一场以网络、大数据、人工智能为代表的新信息技术革命，这场革命使人类正在

---

① 图书馆未来的样子——"智慧图书馆"（上）[EB/OL].[2022-07-11].https://mp.weixin.qq.com/s/aEdjC4fl0TsPondH2d-MeA.

② 王世伟.未来图书馆的新模式——智慧图书馆[J].图书馆建设,2011（12）:1-5.

③ 乌恩.智慧图书馆及其服务模式的构建[J].情报资料工作,2012（5）:102-104.

④ 颜湘原.人工智能时代智慧图书馆的概念、要素与发展路径[J].图书馆学刊,2019（3）:5-8.

⑤ 董晓霞,龚向阳,张若林,等.智慧图书馆的定义、设计以及实现[J].现代图书情报技术,2011（2）:76-80.

⑥ 李伟超,贾艺玮,赵海霞,等.近十年我国智慧图书馆研究综述[J].现代情报,2018（3）:171-176.

⑦ 李玉海,金喆,李佳会,等.我国智慧图书馆建设面临的五大问题[J].中国图书馆学报,2020（2）:17-26.

⑧ 丁明春,任恒.国内外智慧图书馆研究之概念脉络、热点主题及未来展望——基于CiteSpace的信息可视化分析[J].图书馆理论与实践,2022（1）:99-107.

⑨ 程焕文,钟远薪.智慧图书馆的三维解析[J].图书馆论坛,2021（6）:43-55.

形成全新的信息社会[①]。社会的各个角落、各行各业都会因这场新信息技术革命而改变，特别是"在互联网技术赋权之下，在新兴技术的影响下知识是有流动性、开放性、联结性和交互性等特征的，知识的生产与消费方式、环节有了翻天覆地的变化"[②]。图书馆本质上是一个收集、保存、处理、传播信息与知识的机构，自然受到新信息技术革命的较大影响。随着技术发展对信息与知识的生产、处理与传播的影响，图书馆也相应步入一个随技术应用而不断演进的新发展阶段。无论我们称之为数字图书馆还是智慧图书馆，都只是不同技术的应用或技术应用的重点不同而已，本质上还是应用新的技术，改进图书馆的建设与管理水平，进而改进图书馆收集、保存、处理、传播信息与知识的方式及能力。而这个阶段之所以叫智慧图书馆，主要是强调这一阶段对信息技术应用的重点是智慧化、智能化相关技术的应用，即更着重于"用智慧技术取代传统的某些需要人工判别和决断的任务，达到最优化"，而不仅仅是用"计算机和网络取代传统的手工流程操作"[③]。

（二）智慧图书馆标准建设研究内容

从文献内容看，目前围绕智慧图书馆标准建设的相关研究主要涉及五个方面：

第一，智慧图书馆统一标准的重要性和必要性。刘炜等认为，智慧图书馆不应停留于纸上谈兵的理论研究，而应加快各类智慧服务系统的开发和应用，当务之急是制订一套相应的标准规范，尤其需要从技术角度提出一套标

---

①　何哲.新信息技术革命：机遇、挑战和应对[J].人民论坛，2021（Z1）：8-11.

②　蒋晓丽，朱亚希."知识求人"的时代：网络语境下的知识变革及新知识素养构建[J].四川大学学报（哲学社会科学版），2020（2）：97-105.

③　张永民.解析智慧技术与智慧城市[J].中国信息界，2010（11）：38-41.

准规范框架，以指导应用实践①。卢小宾等认为，标准规范体系的研究与建设是智慧图书馆的基础性工作，能够有效助力行业协同，推动图书馆事业不断向前发展，目前我国针对智慧图书馆建设的"顶层设计"，如建设目标、建设标准等方面的探讨相对较少，这在一定程度上影响了我国智慧图书馆的发展，也成为我国智慧图书馆建设迟迟无法"落地"的重要原因之一②。段美珍等认为，建立统一合理的数据标准和规范对智慧图书馆的建设和发展至关重要，如果没有统一的标准规范，图书馆所拥有的资源和数据仍然处于一种杂乱的状态，信息孤岛和信息割裂将成为常态，那么数据驱动运行和深层次挖掘就无从谈起③。

第二，智慧图书馆标准体系的构建原则。江山认为，智慧图书馆标准体系应遵循对接兼容、多维覆盖的原则，即要考量标准体系与智慧城市标准体系的对接与兼容，同时，对智慧图书馆所有构成要件的功能及交互行为进行规范④。卢小宾认为，在智慧图书馆标准的制定过程中，要重视多维度标准体系构建，注重与现有标准体系的融合，深化标准制定领域国际合作，推动制定主体多元化，从而使智慧图书馆标准更加科学完备⑤。

第三，智慧图书馆标准的定位。刘炜认为，智慧图书馆是智慧技术的一个应用领域，梳理智慧图书馆标准体系结构参考模型有利于厘清各类纷繁复杂的相关技术应用对智慧图书馆所起的作用，进而讨论智慧图书馆所涉及的各类技术标准、业务和服务规范。他还认为，数字图书馆的部分规范也提供了智慧图书馆建设的基础，它们在内容上会有所交叉⑥。

①⑥　刘炜,刘圣婴.智慧图书馆标准规范体系框架初探[J].图书馆建设,2018(4):91-95.

②⑤　卢小宾,宋姬芳,蒋玲,等.智慧图书馆建设标准探析[J].中国图书馆学报,2021(1):15-33.

③　段美珍,初景利,张冬荣,等."双一流"高校智慧图书馆建设现状调查与分析[J].图书馆论坛,2022(1):91-101.

④　江山.智慧图书馆要素研究及建设思考[J].图书馆工作与研究,2022(2):58-63.

第四，智慧图书馆标准体系框架。刘炜从智慧技术在图书馆应用的角度出发，参考《人工智能标准化白皮书》，将智慧图书馆相关标准规范主要分为业务、数据、服务和产品四个方面，提出了智慧图书馆标准体系框架的大致结构，包括基础规范（隐私规范、术语词表等）、技术规范（机器学习、图书馆智能楼宇等）、业务规范（数据化规范、信息交换规范等）、数据规范（关联数据发布规范、可视化规范等）、服务规范（用户信息管理规范、信息推送规范等）、产品规范（无人图书馆规范、数字阅读机规格等），同时提出亟须制定的相关标准规范[①]。江山[②]、张坤[③]、崔旭[④]也给出了类似的体系框架。

另外，还有学者针对智慧图书馆的某一方面建设内容提出标准体系，比如，卢小宾等基于数据生命周期研究提出智慧图书馆数据标准体系，包括数据产生与采集阶段（数据筛选标准、数据接口规范等）、数据编码阶段（资源描述规范、关联数据规范）、数据存储阶段（数据分级存储指南、数据长期保存标准等）、数据服务阶段（数据开放标准、数据共享标准等）、数据分析挖掘阶段（分析模型、分析算法指南等）、数据再利用阶段（数据价值评估规范）[⑤]；魏大威等认为应在准确掌握图书馆各类型资源基础上，构建覆盖智慧图书馆数字资源生产、加工、保存、利用和服务等各个环节的数字资源资产管理标准规范，提出包括基础标准（参考框架）、技术标准（物联感知、网络联通等）、资源标准（知识采集、知识组织等）、管理标准（数据

---

①　刘炜,刘圣婴.智慧图书馆标准规范体系框架初探[J].图书馆建设,2018（4）:91-95.

②　江山.智慧图书馆要素研究及建设思考[J].图书馆工作与研究,2022（2）:58-63.

③　张坤,查先进.我国智慧图书馆的发展沿革及构建策略研究[J].国家图书馆学刊,2021（2）:80-89.

④　崔旭,贺沛沛.基于灰色关联分析的智慧图书馆政策要素和政策体系研究[J].图书馆学研究,2020（17）:35-42,93.

⑤　卢小宾,洪先锋,蒋玲.智慧图书馆数据标准体系研究[J].图书情报知识,2021（4）:50-61.

管理、信息安全管理等）[①]的体系框架。

第五，智慧图书馆标准的建设策略。卢小宾等通过对比分析国内外已有的图书馆建设相关标准，探索我国智慧图书馆建设标准的选采策略，资源建设标准方面，提出要围绕核心馆藏建设、实物数字化延展、资源共享合作网建设、探索性资源建设和专题特色资源建设等构建符合我国发展状况的智慧图书馆标准体系；用户服务体系标准方面，指出要将先进服务理念融汇到标准规范中，有针对性地制定智慧服务标准规范，增强标准规范的可操作性、实用性和可行性，注重用户隐私保护，体现不同服务群体的差异性；信息技术体系建设标准方面，主要从基础设施层、资源管理层和应用服务层三个维度探究智慧图书馆资源、系统平台的互操作标准，而对于区块链等新技术在图书馆的应用，直接遵从相关行业已有标准[②]。张坤认为，可采取试点形式，由个别到一般，先形成市际、省际等区域性图书馆联盟规范，再逐步扩展至全国性图书馆联盟规范，最终形成智慧图书馆全行业的统一规范标准，具体规范内容也可在实践中逐步扩展[③]。刘炜认为，智慧图书馆只是一个信息技术的应用领域，很多标准规范并不需要从头研制，只需要通过引入图书馆应用场景，进行借鉴应用[④]。

从本研究调研来看，目前，关于智慧图书馆标准的专门研究成果还比较有限，现有成果多侧重于技术和资源相关标准研究，对智慧图书馆建设所涉及的空间、管理等领域标准的研究尚不多见。特别是关于智慧图书馆标准体系的研究极为缺乏，本研究力图着眼于智慧图书馆标准体系构建，开展较为

---

① 魏大威,李志尧,刘晶晶,等.基于区块链技术的智慧图书馆数字资源管理研究[J].中国图书馆学报,2022（2）:4-12.

② 卢小宾,宋姬芳,蒋玲,等.智慧图书馆建设标准探析[J].中国图书馆学报,2021（1）:15-33.

③ 张坤,查先进.我国智慧图书馆的发展沿革及构建策略研究[J].国家图书馆学刊,2021（2）:80-89.

④ 刘炜.智慧图书馆十问[J].图书馆理论与实践,2022（3）:1-6.

深入系统的研究，以丰富当前研究成果，更好指导智慧图书馆建设实践。

第二节 图书馆领域标准体系现状

我国图书馆领域标准化工作主要由全国信息与文献标准化技术委员会（SAC/TC4）、全国文献影像技术标准化技术委员会（SAC/TC86）和全国图书馆标准化技术委员会（SAC/TC389）归口管理，其中全国图书馆标准化技术委员会"是我国唯——个专门以图书馆领域标准化工作为其工作范围的标准化组织"[①]。根据《全国专业标准化技术委员会管理办法》的规定，编制本专业领域国家标准体系是标准化技术委员会的工作职责之一。因此，全国图书馆标准化技术委员会所制定的标准体系在很大程度上代表着业界对图书馆领域标准体系的认识，图 2-8 为该标准化技术委员会的标准体系结构图，从标准内容看，该标准体系包括建设标准、资源标准、服务标准、管理标准和技术标准五个部分。标准体系并不是一成不变，而是"一个动态的系统，在使用过程中应不断优化完善，并随着业务需求、技术发展的不断变化进行维护更新"[②]。也就是说，从标准化工作的逻辑来讲，图书馆标准体系本就应随着技术应用和业务发展而不断演化。无论是图书馆的建设、资源、服务、管理领域还是技术领域，都有可能涉及智慧技术的应用，也都需要根据智慧技术应用的实际场景和业务需要，丰富其所包含的具体标准。因此，智慧技术应用相关标准的纳入是未来图书馆标准体系发展的一个重要方向。

---

① 饶权.中国图书馆事业发展报告·图书馆标准化卷[M].北京:中央编译出版社,2019:38.

② 中华人民共和国国家质量监督检验检疫总局,中国国家标准化管理委员会.标准体系构建原则和要求:GB/T 13016—2018[S].北京:中国标准出版社,2018:3.

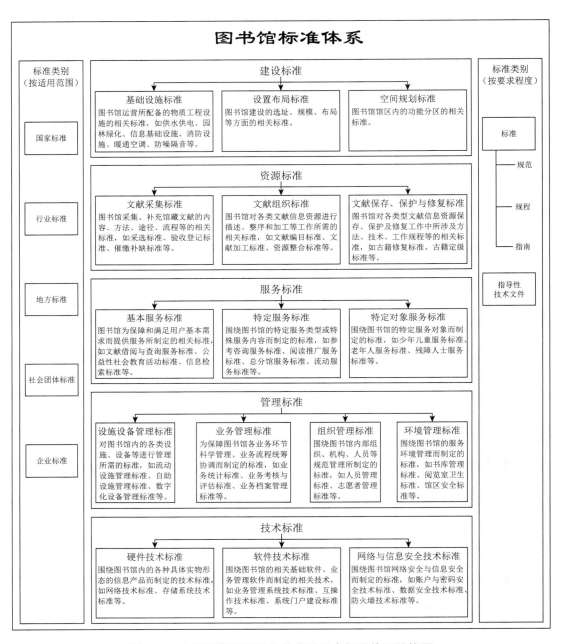

图 2-8　全国图书馆标准化技术委员会标准体系结构图

图片来源：王秀香，李丹．我国图书馆标准规范体系构建研究 [J]．图书馆，2017（9）：

9-12.

　　"标准先行"是世纪之交以来我国数字图书馆建设的一个重要经验，经过多年的努力，最终逐步形成了由资源、服务、管理、技术四大核心要素构成的数字图书馆标准体系框架[①]。由于业界普遍认为数字图书馆更多是一个由网络和技术手段支撑的线上图书馆，并不涉及实体馆建设，故其标准体系未包含建设领域标准，其余部分与图 2-8 所示图书馆标准体系框架并无二致。此外，在数字图书馆建设实践中，国家数字图书馆结合数字资源建设与服务这一数字图书馆建设的主要业务需求，构建了覆盖数字资源生命周期的专门标准体系，涵盖数字内容创建、数字对象描述、数字资源组织管理、数字资源服务、数字资源长期保存[②]。这一从数字图书馆主要业务视角出发所建立的专门标准体系与图书馆基础标准体系框架并行不悖，一方面，数字技术的全方位应用，使图书馆的资源、服务、管理与技术领域或面临既有业务的新发展，或面临新产生的业务形态，均需要通过标准化的形式予以规范和引导，此时，关于数字技术应用的标准自然成为图书馆标准化工作关注的重点，需要在原有标准体系框架基础上做新的拓展；另一方面，从数字资源生命周期视角出发建立专门标准体系，根据数字图书馆业务和技术应用需求，或修订已有标准，或制定新的标准，能够有针对性地促进数字图书馆建设标准化、规范化发展，同时可使原有标准进一步适应技术和业务发展的需要。

　　这一时期的数字图书馆标准体系可视为图书馆基础标准体系在数字技术应用需求下的拓展与深化，总体上二者一脉相承，《中国图书馆事业发展报告·数字图书馆卷》中呈现了两个体系的融合[③]。与图书馆基础标准体系不同的是，数字图书馆标准体系从业务上更紧密地契合了数字图书馆建设的需要，其标准体系建设的目标在特定时期内也更为专指、更为明确，便于聚焦

---

　　①　赵悦.我国数字图书馆标准体系构建研究[J].数字图书馆论坛,2016(9):9-13.
　　②③　韩永进.中国图书馆事业发展报告·数字图书馆卷[M].北京:国家图书馆出版社,2017:355-358.

发力。从实践角度看也确实如此，在一个相当长的时期内，数字图书馆标准
体系对数字图书馆乃至图书馆领域标准化工作起到了非常重要的引导与推动
作用。据统计，2009—2014 年期间，由全国图书馆标准化技术委员会和全
国信息与文献标准化技术委员会归口管理并经批准颁布的 41 项国家标准与
行业标准中[①]，数字图书馆标准就达29项[②]，占比逾七成。仅以数字内容创建
标准为例，2008 年全国图书馆标准化技术委员会成立之时，恰逢我国数字图
书馆推广工程建设的重要时刻，因此图书馆数字内容创建标准成为相关标准
化工作的重点，全国图书馆标准化技术委员会在 2010—2016 年间颁布了大
量关于图书馆数字馆藏规范加工的标准[③]。

从本质上看，数字图书馆与智慧图书馆都是现代技术在图书馆应用的不
同发展阶段，只是技术应用的重点不同而已，因此，我国图书馆在数字图书
馆标准体系建设方面所走过的成功道路值得在智慧图书馆标准体系建设过程
中借鉴。为此，本研究着眼于建立智慧图书馆标准体系，在图书馆标准体系
和数字图书馆标准体系的基础上，围绕智慧技术在图书馆的应用，建立起覆
盖智慧图书馆主要业务需求的标准体系，以规范和引导智慧图书馆的发展，
并进一步充实现有图书馆标准体系的内容。从这个意义上说，智慧图书馆标
准体系是数字图书馆标准体系的延伸与发展，是图书馆标准体系面向智慧化
建设的延展和深入。

---

① 饶权.中国图书馆事业发展报告·图书馆标准化卷[M].北京:国家图书馆出版社,2019:
396-404.

② 韩永进.中国图书馆事业发展报告·数字图书馆卷[M].北京:国家图书馆出版社,2017:
376.

③ 饶权.中国图书馆事业发展报告·图书馆标准化卷[M].北京:国家图书馆出版社,2019:
200 -203.

第三节　智慧图书馆相关领域标准体系现状

　　智慧图书馆是智慧技术在图书馆的应用。所谓智慧技术，指的是将计算机、互联网、云计算等技术结合在一起，从而形成更"智慧"的综合技术，以模拟人类在相关活动中的智力行为[①]。在智慧图书馆建设中，业界更为关注移动互联网、云计算、大数据、人工智能、物联网、区块链等技术的应用[②]，为了使这些技术的应用能够更加科学、合理、有效，不可避免地需要关注和研究相关领域的标准成果。本节主要选取人工智能、知识图谱这两个标准体系较为完备的技术领域，以及与智慧图书馆关系较为密切的智慧城市领域，对其标准体系进行观察，意在为构建智慧图书馆标准体系提供参考，同时，考察了与智慧图书馆同属公共文化机构的智慧博物馆的标准体系研究进展，以期能从中获得启发。

一、人工智能标准体系

　　人工智能技术作为智慧图书馆概念的核心[③]，是智慧图书馆技术应用的重点。2020 年 7 月，国家标准化管理委员会、中央网信办、国家发展改革委、

---

①　龙艳红.智慧技术与智慧城市的解析[J].数字通信世界,2019(11):88.
②　吴建中.从数字图书馆到智慧图书馆:机遇、挑战和创新[J].图书馆杂志,2021(12):4-11.
③　邵波.从数字图书馆走向智慧图书馆——认识、实践与前沿研究[EB/OL].[2022-05-07]. https://weibo.com/l/wblive/p/show/1022:2321324707348345126949.

科技部、工业和信息化部联合印发《国家新一代人工智能标准体系建设指南》（以下简称《指南》），提出了由"A 基础共性""B 支撑技术与产品""C 基础软硬件平台""D 关键通用技术""E 关键领域技术""F 产品与服务""G 行业应用""H 安全/伦理"八个部分构成的人工智能标准体系结构，如图2-9所示[①]。

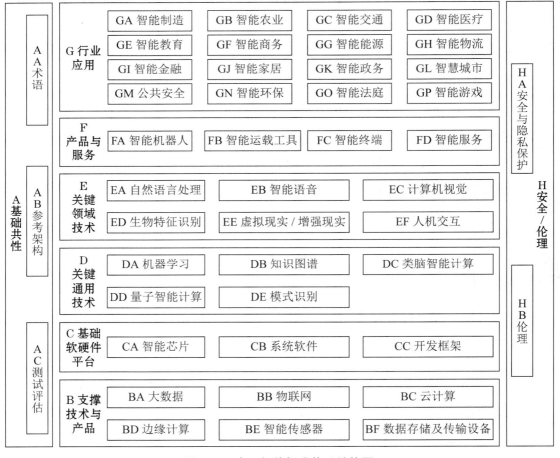

图 2-9　人工智能标准体系结构图

①　国家新一代人工智能标准体系建设指南[EB/OL].［2022-05-08］. http://www.gov.cn/zhengce/zhengceku/2020-08/09/5533454/files/bf4f158874434ad096636ba297e3fab3.pdf.

从该体系结构看，其中相当一部分标准可以拿来"为我所用"，而不必重新研制，或者根据应用场景的差异做一些本行业的改造与规定即可，如"AA 术语""CC 开发框架""ED 生物特征识别""HA 安全与隐私保护"等，智慧图书馆在人工智能应用领域的标准化工作重点应当放在"F 产品与服务""G 行业应用"两个方面，如图书智能盘点机器人、智能上架机器人、读者咨询解答机器人等智能机器人，智能书车等图书智能运输工具，智能借还机、智能书柜等智能终端，自助问答、智能取书、智能架位导航等智能服务。从图 2-9 看，该体系中"G 行业应用"虽未明确将公共文化、智慧信息与知识服务列为重点应用领域，但《指南》中也提出"人工智能行业应用具有跨行业、跨专业、跨领域、多应用场景的特点，不同行业的侧重点不同"。对图书馆行业而言，应当在对人工智能领域标准化工作进展保持密切关注的同时，重点通过标准化手段引导人工智能技术应用提升信息与知识服务智能化水平，同时还应保持足够的开放性，使图书馆的信息与知识服务更好地支撑与融入各行业人工智能的应用过程。

二、知识图谱标准体系

知识图谱是"大数据时代知识表示的重要方式之一"[①]，知识图谱标准是人工智能标准体系中关键通用技术标准的组成部分，用于"规范知识描述的结构形式、解释过程、知识深度语义的技术要求等"[②]。提供智慧化知识

---

① 刘燕,贾志杰,闫利华,等.知识图谱研究综述[J].赤峰学院学报（自然科学版）,2021（4）:33-36.

② 国家新一代人工智能标准体系建设指南[EB/OL].[2022-05-08]. http://www.gov.cn/zhengce/zhengceku/2020-08/09/5533454/files/bf4f158874434ad096636ba297e3fab3.pdf.

服务是智慧图书馆建设的重要目标之一，知识图谱由于与知识表示及知识关联密切相关，相较其他技术而言，与智慧图书馆建设的关系就更为密切。2019 年 9 月，由中国电子技术标准化研究院主编的《知识图谱标准化白皮书（2019 版）》发布，提出知识图谱标准体系，该标准体系结构包括"A 基础共性""B 数字基础设施""C 关键技术""D 产品 / 服务""E 行业应用""F 运维与安全"六个部分[①]，如图 2-10 所示。

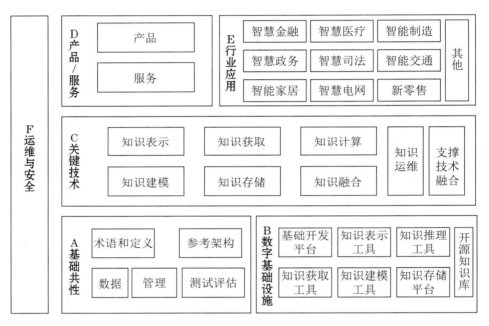

图 2-10　知识图谱标准体系结构图

目前，知识图谱相关标准的研制刚刚起步，其中"B 数字基础设施""C 关键技术"相关标准在图书馆知识组织、加工与服务中有较大指导或参考借鉴意义，应密切关注其标准研制情况。同时，图书馆在文献信息处理方面的

---

① 知识图谱标准化白皮书[EB/OL].[2022-05-08]. http://www.cesi.cn/images/editor/20190911/20190911094806634.pdf.

既有实践经验、规程、工具等将使我们能够在知识图谱领域获得先发优势，从而形成具有图书馆特色的知识图谱标准，为其他领域知识图谱应用提供借鉴，甚至直接参与知识图谱领域标准研制。

三、智慧城市标准体系

从社会环境看，智慧图书馆是智慧城市的重要组成部分[1]，智慧公共服务是目前最受关注的智慧城市三个应用领域之一[2]，有关智慧城市的标准化成果也值得关注。2022 年 7 月，国家智慧城市标准化总体组发布《智慧城市标准化白皮书（2022 版）》，在 2015 年《智慧城市标准体系（试行稿）》基础上修订了智慧城市标准体系，该体系由"01 总体标准""02 技术与平台""03 基础设施""04 数据""05 管理与服务""06 建设与运营""07 安全与保障"等七个子体系组成，如图 2-11 所示。

智慧图书馆标准应充分考虑对智慧城市有关标准的向上兼容性，除了将智慧图书馆作为智慧城市"05 管理与服务"类标准中"0502 惠民服务"标准的一个典型应用外，还应考虑智慧城市其他六类标准在智慧图书馆建设中的必要移植与映射。

---

① 卢文辉.智慧城市建设背景下的智慧图书馆发展[J].图书馆研究,2021（5）:28-35.

② 中国智慧城市标准化白皮书[EB/OL].[2022-05-08]. http://www.cesi.cn/images/editor/20220803/20220803172531606.pdf.

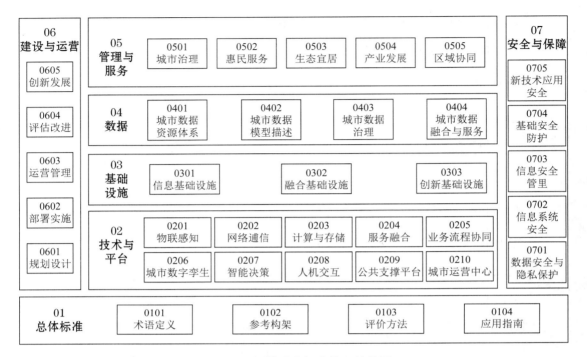

图 2-11 智慧城市标准体系结构图

四、智慧博物馆标准体系

随着技术的发展，社会公众对更高品质精神文化生活的需求不断提升，促使公共文化服务行业不断应用新技术探索提升自身智慧化建设和服务水平，博物馆行业也提出了智慧博物馆概念，并进行了相关探索，在支撑技术、理论框架、核心业务智慧化转型的研究及实践方面取得了一些成果。在智慧博物馆标准研究方面，李华飙等提出智慧博物馆建设标准的发展应该是实践应用、标准研制、实践应用、标准修订的螺旋式上升模式。智慧博物馆标准制定要坚持针对性和适应性的原则，通过对博物馆业务流程、应用服务体系、运行保障机制的梳理和概括，形成智慧博物馆参考模型，在对总体架构进行扩展细化后，确定智慧图书馆系统架构模型，并以此为基础，参照模型的各部分组成内容、技术架构，提出智慧博物馆标准体系框架[①]。王春法构建了一个包括数据标准、技术标准、建设标准、运维标准、评估标准的智慧博物馆标准体系。数据标准主要包括数据的采集、传输、管理、服务和安全标准；技术标准主要包括智慧博物馆建设中所涉及的技术架构、技术功能等方面的标准；建设标准主要是指设备设施、空间布局等的建设；运维标准主要包括设备、系统、资产、信息和人员等的管理标准；评估标准主要包括智慧博物馆评价标准和运维状况的评估标准[②]。

五、借鉴意义及启示

从前述调研情况看，在智慧图书馆建设领域构建一套专门、系统、科学的标准体系，是必要且可行的。智慧图书馆建设的重点是智能技术的应用，而非技术研发本身，因此，所需的相关技术标准应主要以相应领域标准的直接应用为主，自行研制标准的重点应当是规范技术在图书馆领域的个性化应用。为此，一方面需要保持对人工智能、知识图谱等相关技术领域标准化进展的高度敏感，适时引入相关标准成果；另一方面要坚持从需求出发，结合智慧图书馆建设实际需要制订具有行业特点、解决行业应用问题的专门标准，从而为智慧图书馆建设提供强有力的标准支撑与引领。

第一，人工智能、知识图谱等是智慧图书馆建设的核心技术，智慧图书

---

① 李华飙,李洋,王若慧.智慧博物馆建设标准及评价方法的初步研究[J].中国博物馆,2021(1):87-93,128.

② 王春法.关于智慧博物馆建设的若干思考[J].博物馆管理,2020(3):4-15.

馆同时也是这些技术的应用领域之一。在智慧图书馆标准化工作中，一方面应当及时关注相关技术领域的标准化成果，并确保其在图书馆建设中得到科学应用；另一方面，应当重点关注图书馆行业应用的特性，解决行业应用的个性化、特异性问题。特别是在知识图谱领域，图书馆结合专业化的文献与信息知识组织、数据处理经验，将有可能为丰富知识图谱标准做出积极贡献。

第二，图书馆作为城市的组成部分，是为城市提供公共文化服务的重要机构，从大方向说，智慧图书馆标准应是在智慧城市标准大框架下的具体应用和个性化呈现，尤为重要的是，应当保持与智慧城市整体数据和信息获取、处理的统一接口和共建共享，从而在很大程度上保证信息利用渠道畅通，提高通用性[①]。

第三，图书馆和博物馆作为公共文化服务机构，在职能、业务管理、公共服务、空间建设、资源建设等方面有很多相似之处，其标准体系也有较大的相互借鉴性。因此，在智慧图书馆标准建设过程中，应始终关注文化行业其他系统的智慧化标准建设情况，以为智慧图书馆标准化工作提供参考。

为满足智慧图书馆持续性发展对标准化的需求，图书馆应不断加强对智慧化标准建设重要性的认识，在已有标准化工作的基础上，充分结合智慧化建设需求和内容，在形成标准体系框架后，有步骤地开展针对性标准研制工作。同时还需考虑图书馆智慧化标准与图书馆领域其他标准、相关领域标准间的必要协调和融合，充分吸取各领域智慧化标准工作经验，促进智慧图书馆标准体系的稳健发展。

（执笔人：张琳、韩超、胡昱晓）

---

① 骆嘉.智慧型图书馆与智慧城市协作共建模式探析[J].图书馆工作与研究,2014(12): 9-12.

第三章　智慧图书馆标准建设及应用现状

　　在物联网和人工智能等智能技术的驱动下，各行各业正朝着万物互联的智能化方向快速发展与变革。图书馆也从传统图书馆、数字图书馆向智慧图书馆转型。智慧图书馆并不是横空出世的，而是建立在当前数字图书馆已经具备了一定的资源、平台、标准等积累的基础之上，因此，智慧图书馆并不是脱离之前发展阶段的独立产物，其标准建设自然也不可能脱离原有的标准基础。目前尚没有专门的智慧图书馆标准，但现行资源、技术、管理、服务的各项数字图书馆标准规范中散布一些智能化技术应用的内容。本章拟从智慧技术在图书馆的应用入手，结合当前智慧图书馆的实际应用场景，对所涉及的国内外现有相关标准进行梳理，以期对智慧图书馆标准建设现状有初步的认识与了解。

第一节　智慧技术在图书馆的主要应用场景

　　当前，图书馆行业正经历由数字图书馆加速向智慧图书馆转型的新发展阶段，国内外图书馆界关于智慧图书馆的理论研究和实践探索日益深入，各级各类图书馆资源、服务、设施、管理等方面的智慧化转型取得了一些重要突破，也形成了一些更智慧化的图书馆工作场景。

一、新型资源建设

随着 3D、虚拟现实、增强现实（AR）、混合现实（MR）等技术的蓬勃发展，图书馆的资源呈现形态、资源产生和加工方式、资源阅读和利用形式有了新的变化，文献所承载的信息能够在三维立体空间中形象地呈现，并进行故事化的解读，从而为读者提供交互性、立体化和沉浸式的多维阅读体验。

早在 2008 年，国家图书馆就设立过虚拟现实读者站，将馆藏纸质文献进行三维数字化，通过 VR 技术生成三维虚拟现实文献，读者做出抓取的手势即可选择书籍，做出翻书的动作，就会出现书页翻动效果，伸出手掌书籍便会回归原位，这种直观、生动的阅读与实体书阅读十分相似。2021 年，国家图书馆新阅读空间开放。该空间借助全景视频、VR 等技术，给读者带来沉浸式阅读新体验。其中"全景展厅"首次采用 270 度环绕的三折屏幕，实现巨幕裸眼 VR 效果，读者置身于三面超高清大屏环绕的全景空间，可获得《永乐大典》等 VR 资源带来的较强的沉浸感和真实的画面感；"阅读树"将移动智能设备、虚拟现实设备与树形展架有机结合，读者可通过现场不同的设备终端，观看古代典籍、国画、文物古迹、城市印象等不同类型的 VR 视频资源[1]。

CADAL 运用 VR 技术实现了部分数字资源及其物理载体的立体展示。

---

[1] 国家图书馆开放新阅读空间[EB/OL].[2021-06-08]. https://m.gmw.cn/baijia/2021-06/08/1302347380.html.

一方面，CADAL 依托阅读平台 CReader，通过动画的形式让读者能够像在现实世界中翻阅图书一样，真实、立体地与部分珍贵古籍、民国期刊"亲密接触"；另一方面，CADAL 还实现了对纸张、墨点、毛笔的 3D 建模，收录了中国历史上多个朝代的经典书法作品[①]。

随着 3D、VR 等新技术与图书馆业务融合程度日益加深，国内众多图书馆开始探索和尝试新型资源建设，如：武汉大学图书馆、陕西师范大学图书馆开展了图书、报刊等三维资源建设；福州市图书馆开辟 AR、VR 体验区；广州少年儿童图书馆引入 3D 知识模型系统、VR 科普阅读系统以及 AR 电子书系统作为多维数字资源服务体系的重要组成部分[②]。

将 3D、VR 等技术应用于图书馆资源建设与服务，可促进传统资源形态的虚拟性、整合性、互动性转化为读者创造一种视觉、听觉、触觉融合的丰富而立体的感官体验。

二、智慧化知识组织

知识组织简单来说即通过组织、揭示知识客体中的知识因子或知识单元及其之间的关系以实现对知识的有序化处理，便于人们识别和获取知识。信息技术的发展及在图书馆的广泛应用，有效推动了知识组织体系的发展，一方面促进了知识组织体系自动化的创新应用，另一方面也激发了知识组织体系之间的互操作问题。在新的信息环境下，随着信息资源中网络资源、数字化资源占比提高，知识组织体系开始呈现出新的特点：对概念的界定进一步

---

① 周力虹,韩滢莹,屠晓梅.国内外高校图书馆虚拟现实技术应用对比研究[J].图书与情报,2017（4）:1-7.

② 陶丽珍.泛数字阅读背景下图书馆三维数字资源建设实践与思考[J].四川图书学报,2020（4）:40-44.

细化，可以用于描述概念的属性、关系等诸多性质；概念和词汇之间的关系类型呈现多样化的特点；开始出现语义方面的新关系类型，实现不同环境下的语义互操作已成为基本要求；基于互操作的需要，对知识组织体系的内容描述和表达都要求实现标准化和规范化；数字化、网络化和可视化[①]。

面对知识组织对象即知识单元承载的客体呈现出海量化、多样化、碎片化的发展特点，知识组织智慧化的根本体现是利用新的信息技术，实现知识组织的智能化、网络化、关联化的应用与发展。由 W3C 提出的 SKOS（简单知识组织系统）是建立在 RDF 和 RDFS 上的语义 Web 系列标准的一部分，为知识组织系统提供了简单灵活、机器可读的描述和转换机制[②]。作为基于语义网技术表示知识组织工具的概念框架，SKOS 具有通用、简洁和易扩展的特点，对于促进知识组织体系在网络环境下的使用具有重要意义。因此运用语义网技术，将信息资源本体与关联数据进行语义化组织，构建庞大的知识网络[③]，使不同类型的知识组织体系能相互渗透、相互包容、相互使用，可实现知识组织网络化、关联化及互操作性的发展。

知识图谱是以结构化的形式描述客观世界中的概念、实体及其关系，是一种结构化的语义知识库，"实体—关系—实体"或者"实体—属性—性值"三元组是其基本表达方式，通过关系联结不同实体，构成知识网络，可以快速实现知识的响应和推理[④]。知识图谱的应用与发展，使用户可以直接按主题进行检索，以图形方式呈现出有关联性的知识，以可视化的方式提高了用户检索、获取信息的准确性和简便性。随着人工智能技术的发展，知识图谱涉

---

① 刘华.国内外知识组织体系标准的现状及发展趋势研究[J].情报杂志,2011(3):14-18.

② 石泽顺,肖明.基于网络叙词表的图情学科SKOS构建与可视化研究[J].情报学报,2018(3):274-284.

③ 智慧图书馆的服务模式重构[EB/OL].[2022-03-21].https://www.pcren.cn/16206.html.

④ 刘峤,李杨,段宏,等.知识图谱构建技术综述[J].计算机研究与发展,2016(3):582-600.

及的知识抽取、表示、融合以及推理等一系列关键性问题得到一定程度的解决和突破，使得知识图谱成为智慧化知识组织与服务领域的一个新热点。

三、智慧化平台

2021 年，国家图书馆联合全国公共图书馆提出智慧化转型发展的新思路，策划启动了"全国智慧图书馆体系"建设，并被写入《纲要》，作为"加快数字化发展　建设数字中国"的重要战略任务之一。"全国智慧图书馆体系"建设将在国家层面统筹规划，依托国家数字图书馆工程、数字图书馆推广工程等公共数字文化工程已有建设成果，对软硬件基础设施、存量数字资源、标准规范进行智能化、知识化升级改造，拓展服务网络，在此基础上以各级各类图书馆为主体，联合国内知识生产、知识服务及相关技术领域头部机构，建设一个贯通知识生产、组织、关联、传播、保存全过程的知识平台，形成我国在中文智慧化知识服务领域的领先与主导优势，面向社会提供多元知识服务。"全国智慧图书馆体系"建设明确提出构建多维融合知识服务平台，以提升图书馆面向多维信息来源的知识组织能力、知识发现能力、知识创新能力，实现对公共服务机构、非营利性服务机构、商业服务机构等多主体所提供的多源知识内容的关联整合、智慧管理与智能服务。

面对新的社会信息环境，国内一些图书馆已率先开展新一代智慧图书馆服务平台建设，以期为智慧化服务提供平台支撑。例如，中国科学院图书情报中心以数字图书馆和学科化能力为基础，升级建设国家级新一代知识服务系统，深化细颗粒度智慧数据建设，加强文献数据与科研数据关联，旨在以"数据+AI"打造智能情报工具，建设智慧数据驱动的知识服务系统，建设中国科学院国家科研论文和科技信息高端交流平台。上海图书馆基于开源软件 FOLIO，自主研发下一代图书馆服务中文平台——云瀚，云瀚是 FOLIO 的中国化和本土化，它既是下一代图书馆服务平台，又是一套取代传统图书馆集成管理系统的应用组件，同时也是一个以开放理念运行的开源社区[①]。深圳市盐田区图书馆引入图书馆智能管理服务系统，开展"智慧图书馆服务平台建设"，2021 年该项目获批国家公共文化服务体系示范项目[②]。南京大学图书馆与企业合作，致力打造新一代智慧图书馆服务系统平台（NLSP），依托云计算、大数据技术，实现纸本资源、电子资源、数字资源的一体化智能采购管理[③]。重庆大学启动了新一代图书馆管理系统——智慧图书馆系统建设项目，开展纸电一体化的文献大数据建设，实现上亿数量级纸本文献与数字文献的一站式搜索。

四、智慧化服务

《纲要》明确提出要提升公共文化服务水平，加强公共文化服务体系建设和体制机制创新；推进公共图书馆、文化馆、美术馆、博物馆等公共文化场馆免费开放和数字化发展。可以说，加快智慧公共文化服务体系建设、推动公共文化服务智慧化发展是公共文化服务大势所趋[④]。

2003 年，芬兰奥卢大学的学者在开展了一项关于基于位置感知的移动

---

① 刘炜,嵇婷."云瀚"与智慧图书馆:以开放创造未来[J].中国图书馆学报,2019（6）:50-61.

② 盐田区"智慧图书馆服务平台建设项目"正式获批为第四批国家公共文化服务体系示范项目[EB/OL].[2022-02-17].http://www.yantian.gov.cn/cn/zjyt/jjyt/xqxx/content/post_9085485.html.

③ 邵波,张文竹.下一代图书馆系统平台的实践与思考[J].图书情报工作,2019（1）:98-104.

④ 薛卫双.我国图书馆智慧服务研究述评[J].图书情报导刊,2020（10）:22-28.

图书馆服务研究，探索"图书馆"与信息技术视角下的"智慧理念"的有机结合。此后，国外的研究多集中于以射频识别技术、软件质量工程、物联网、大数据等信息技术层面的研究[①]。国内关于图书馆智慧服务的研究开始于2010年，严栋提出通过物联网建设智慧图书馆。2011年，王世伟教授将智慧图书馆的服务理念概括为"书书相联、书人相联、人人相联；任何地点、时间、方式可用"[②]，得到学界广泛认可。目前，关于图书馆智慧服务的研究与实践十分丰富。针对科研服务，高校图书馆和科研院所图书馆可以提供融入教学科研全流程的资源服务和数据管理支持、基于问答社交模式的定制化咨询服务、满足用户创意需求的空间服务、以学科馆员技能为支撑的信息素质培训服务等；针对公共服务，图书馆可以提供智能管理服务、智慧书目推荐服务、用户精准化服务以及感知体验推广服务等。

图书馆提供的智慧化服务主要包括以下几种：①智慧化的文献借阅服务。目前，基于RFID技术的借还书自助设备、无感借阅、馆藏架位导航等智慧化服务已在实践中有落地应用，未来还需要打破不同设备间的信息壁垒，结合读者基本信息、借阅记录等进行数据分析，为不同读者提供文献精准推送服务。②智慧化信息服务。图书馆融合馆际资源、权威信息资源、馆藏信息资源，通过移动端等渠道为读者提供媒体多样化、解决方案个性化的信息咨询和服务。应用大数据方法，动态监测、分析、发现用户多样化、个性化、圈层化文化信息需求，实现对各类用户信息行为、阅读偏好、学术轨迹等的精准画像，建立知识资源供给与需求的关联分析与智能对接机制，实现深度个性化知识服务定制。③智慧化空间服务。在智慧环境下，图书馆的空间服务应当是物理空间和虚拟空间相互融合，线上支持线下、在线与在场

---

① 费立美,潘颖.图书馆智慧服务模式及其构建研究综述[J].图书馆理论与实践,2022(1):84-90.

② 王世伟.未来图书馆的新模式——智慧图书馆[J].图书馆建设,2011(12):1-5.

相结合的服务。④智慧化知识服务。有针对性地为用户提供基于自主学习系统的适应用户自身需求的学科知识和领域知识服务，同时建立用户反馈机制，促进用户间的知识流动与互助。⑤其他智慧服务。如 SoLoMo（社交的、本地的、移动的）服务模式，通过对用户社会性网络活动偏好进行分析，结合地理位置和情境信息，实现智慧化社交信息服务。

五、智慧楼宇

智慧楼宇是智慧城市的细胞，是现代化城市的重要组成部分，它将建筑、计算机、通信和控制等方面的先进科技融汇，发展成为最优的整体，具有智能化、信息化、可视化、人性化等特点，是适应信息化社会发展需求的现代化新型建筑。智慧建筑是以建筑物为基础平台，对各种信息进行合理利用，可以做出正确的感知和判断，为建筑物可持续发展提供安全有效的管理与保障。

智慧图书馆的建设过程中引入建筑信息模型、智能建筑运营等技术，突出智慧建筑信息化运用，可以和人工智能、大数据、5G 网络等先进技术相结合，对图书馆建筑体进行监测、管理、调控、巡检，图书馆的智慧建筑具备的集成化、信息化、精细化等特征，是图书馆服务智慧化、信息智慧化、环境智慧化的基础和保证，有助于提高图书馆建筑的管理水平及公共服务水平[1]。智能化技术应用于图书馆楼宇建设与管理，在实践中已有一定探索。如德国首家智慧图书馆希尔德斯海姆大学图书馆的智慧建筑改造项目，该项目以节能为主要目的，采用了建立在传感器、执行器和无线通信网络技术基础上的智慧楼宇

---

① 李玉海,金喆,李佳会,等.我国智慧图书馆建设面临的五大问题[J].中国图书馆学报,2020（2）:17-26.

技术，对我国有智慧化升级改造需求的图书馆具有较高的参考价值。

此外，智慧化技术的应用还催生了一些新的业务形态，例如，近年来，图书馆利用人工智能技术，在文献自动分拣传输、智能送书、智能推荐、智能问答、机器人导览、虚拟讲解、仿真体验等方面取得积极进展，有效提升了图书馆业务管理运行效率和用户线上线下学习阅读体验；基于云服务底层架构，构建智慧图书馆云服务平台和云存储基础架构，以满足图书馆的海量信息交换、存储和查询的需求；利用区块链技术分布式账本、非对称加密、共识机制和智能合约等技术特点，在资源共享服务、知识产权保护、用户隐私保护、个性化阅读推广服务和馆藏资源安全储存等方面开展积极探索；应用物联网技术，推动实现图书馆各类终端设备的智慧互联。

第二节　智慧图书馆重点领域标准建设

智慧图书馆与之前的数字图书馆发展阶段并无明显界限，而更像是一个逐步发展的过程。因此，资源、平台、服务等领域的标准虽已实施多年，但在智慧图书馆阶段并未过时，还有实效性。本节将适当回顾数字图书馆领域相关标准成果，重点关注其近年来的新发展。

一、新型资源建设标准

随着图书馆资源建设从扁平化的二维展现方式向交互式、立体式和沉浸式的多维度方式转变，ISO 发布的 3D、VR、AR、MR 领域技术标准在图书馆新型数字资源建设领域得到广泛应用，相关标准如表 3-1 所示。

表 3-1   图书馆新型数字资源建设相关国际标准列表

标准编号	标准名称	标准中文名称	技术领域	描述
ISO 14739-1：2014	Document management — 3D use of Product Representation Compact（PRC）format — Part 1：PRC 10001	文件管理　产品表示紧凑（PRC）格式的 3D 应用　第 1 部分：PRC 10001	3D	文件格式
ISO/IEC 14772-1：1997	Information technology — Computer graphics and image processing — The Virtual Reality Modeling Language — Part 1：Functional specification and UTF-8 encoding	信息技术　计算机制图和成像处理　虚拟现实模拟语言　第 1 部分：功能规范和 UTF-8 编码	3D	文件格式
ISO/IEC 23000-13：2017	Information technology — Multimedia application format（MPEG-A）— Part 13：Augmented reality application format	信息技术　多媒体应用格式（MPEG-A）　第 13 部分：增强现实应用格式	AR	文件格式
ISO/IEC 19776-1：2015	Information technology — Computer graphics，image processing and environmental data representation — Extensible 3D（X3D）encodings — Part 1：Extensible Markup Language（XML）encoding	信息技术　计算机图形、图像处理和环境数据表示　可扩展 3D（X3D）编码　第 1 部分：可扩展标记语言（XML）编码	3D	格式编码
ISO/IEC 19776-2：2015	Information technology — Computer graphics，image processing and environmental data representation — Extensible 3D（X3D）encodings — Part 2：Classic VRML encoding	信息技术　计算机图形、图像处理和环境数据表示　可扩展（X3D）编码　第 2 部分：经典 VRML（虚拟现实建模语言）编码	3D VR	格式编码

续表

标准编号	标准名称	标准中文名称	技术领域	描述
ISO/IEC 19776-3：2015	Information technology — Computer graphics，image processing and environmental data representation — Extensible 3D（X3D）encodings — Part 3：Compressed binary encoding	信息技术 计算机图形、图像处理和环境数据表示 可扩展（X3D）编码 第3部分：压缩二进制编码	3D	格式编码
ISO/IEC 18039：2019	Information technology — Computer graphics，image processing and environmental data representation — Mixed and augmented reality（MAR）reference model	信息技术 计算机图形学、图像处理和环境数据表示 混合和增强现实（MAR）参考模型	AR、MR	系统模型
ISO/IEC 23488：2022	Information technology — Computer graphics，image processing and environment data representation — Object/environmental representation for image-based rendering in virtual/mixed and augmented reality（VR/MAR）	信息技术 计算机图形学、图像处理和环境数据表示 虚拟/混合和增强现实（VR/MAR）中基于图像渲染的对象/环境表示法	VR、AR、MR	应用场景
ISO/IEC 14772-2：2004	Information technology — Computer graphics and image processing — The Virtual Reality Modeling Language（VRML）— Part 2：External authoring interface（EAI）	信息技术 计算机制图和成像处理 虚拟现实模拟语言（VRML） 第2部分：外部编程接口（EAI）	VR	应用接口

上述标准主要涉及文件格式、格式编码、系统模型、应用场景以及各应用程序物理传感器接口标准，以便相互之间的数据传输和存储。在文件格式方面，ISO 14739-1：2014 标准描述了用于 3D 内容数据的产品表示紧

凑（PRC）文件格式，此格式用于 PDF 和其他类似文档格式的 3D 可视化和交换[①]；ISO/IEC 14772-1：1997 标准定义了一种集成 3D 图形和多媒体的文件格式[②]；ISO/IEC 23000-13：2017 标准规定了用于表示 AR 内容的场景描述元素[③]。

ISO/IEC 19776 系列标准由三部分构成，第 1 部分为可扩展标记语言（XML）编码[④]；第 2 部分为经典 VRML 编码[⑤]；第 3 部分为压缩二进制编码，分别以不同的编码形式定义了一个集成 3D 图形和多媒体的系统[⑥]。

ISO/IEC 18039：2019 标准定义了混合和增强现实的通用系统架构，共同作为混合和增强现实应用、组件、系统、服务和规范的参考模型[⑦]。ISO/IEC 23488：2022 标准规定了一种基于图像的表示模型，该模型使用一组图像和可选的基础 3D 模型来表示目标对象 / 环境，以便在任意视点上准确有

---

① Document management — 3D use of Product Representation Compact（PRC）format — Part 1：PRC 10001：ISO 14739-1：2014[S/OL].［2022-08-24］. https：//www.iso.org/standard/54948. html.

② Information technology — Computer graphics and image processing — The Virtual Reality Modeling Language — Part 1：Functional specification and UTF-8 encoding：ISO/IEC 14772-1：1997 [S/OL].［2022-08-24］. https：//www.iso.org/standard/25508. html.

③ Information technology — Multimedia application format（MPEG-A）— Part 13：Augmented reality application format：ISO/IEC 23000-13：2017 [S/OL].［2022-08-24］. https：//www.iso.org/ standard/69465. html.

④ Information technology — Computer graphics，image processing and environmental data representation — Extensible 3D（X3D）encodings — Part 1：Extensible Markup Language（XML）encoding：ISO/IEC 19776-1：2015[S/OL].［2022-08-24］. https：//www.iso.org/standard/60502. html.

⑤ Information technology — Computer graphics，image processing and environmental data representation — Extensible 3D（X3D）encodings — Part 2：Classic VRML encoding：ISO/IEC 19776-2：2015[S/OL].［2022-08-24］. https：//www.iso.org/standard/60503. html.

⑥ Information technology — Computer graphics，image processing and environmental data representation — Extensible 3D（X3D）encodings — Part 3：Compressed binary encoding：ISO/IEC 19776-3：2015[S/OL].［2022-08-24］. https：//www.iso.org/standard/60504. html.

⑦ Information technology — Computer graphics，image processing and environmental data representation — Mixed and augmented reality（MAR）reference model：ISO/IEC 18039：2019[S/ OL].［2022-08-24］. https：//www.iso.org/standard/30824. html.

效地表示对象/环境[①]。适用于各种图形、虚拟现实和混合现实应用，这些应用需要使用各种对象和环境来表示场景。ISO/IEC 14772-2：2004 标准则定义了 VRML 浏览器外部的应用程序可以用来访问和操作 ISO/IEC 14772-2：2004 中定义的对象的接口[②]。

二、知识组织标准

图书馆领域知识组织标准包括元数据及数据交互相关标准、本体及标识描述相关标准、叙词表及叙词表编制相关标准、分类标引及索引相关标准、知识组织互操作相关标准和知识图谱相关标准。

（一）元数据及数据交互相关标准

元数据作为"描述数据的数据"，用于数据资源的描述、识别、管理等，因此元数据在图书馆信息资源的加工标引、关联整合以及数据质量管理等方面发挥着重要作用。近年来图书馆领域元数据范畴不断扩展，既包括描述传统信息资源的元数据，也包括描述人们某种生产、生活和工作过程的元数据，如科学数据元数据。

国际上发布的元数据及元数据交互相关标准主要有 ISO 15836《信息

---

① Information technology — Computer graphics, image processing and environment data representation — Object/environmental representation for image-based rendering in virtual/mixed and augmented reality（VR/MAR）:ISO/IEC 23488:2022[S/OL].[2022-08-24]. https://www.iso.org/standard/75718.html.

② Information technology — Computer graphics and image processing — The Virtual Reality Modeling Language（VRML）— Part 2:External authoring interface（EAI）:ISO/IEC 14772-2:2004[S/OL].[2022-08-24]. https://www.iso.org/standard/30893.html.

与文献 都柏林核心元数据元素集》（Information and documentation — The Dublin Core metadata element set）系列标准，其第 1 部分"核心元素"为跨域资源描述建立了 15 个核心元数据元素。第 2 部分"都柏林核心元数据倡议（DCMI）的属性和类目"为跨域资源描述建立了一个词汇表，称为都柏林核心元数据术语（简称 DCMI 元数据术语）。美国国家信息标准组织 2017 年修订发布了 ANSI/NISO Z39.87—2006（R2017）《数据字典 数字静态图像的技术元数据》（Data Dictionary - Technical Metadata for Digital Still Images），为光栅数字图像定义了一组元数据元素，使用户能够开发、交换和解释数字图像文件。ISO 20614：2017《信息与文献 用于互操作和保存的数据交换协议》（Information and documentation — Data exchange protocol for interoperability and preservation），为档案及其生产者和消费者之间的各种数据交换指定了一个标准化框架。ISO 从 2015 年开始修订和发布的 ISO/IEC 11179《信息技术 元数据注册系统》[Information technology — Metadata registries（MDR）]系列标准，分别从元数据注册表的框架、命名原则、元模型及各部分之间的关联等进行规范。

国内研制发布的通用性元数据标准主要有 GB/T 25100—2010《信息与文献 都柏林核心元数据元素集》，对 Web 信息资源描述应遵循的通用核心元素予以规范，描述对象较为宽泛。专用性元数据标准主要有 GB/T 35430—2017《信息与文献 期刊描述型元数据元素集》，GB/T 22373—2021《标准文献元数据》，这些标准在基本遵循都柏林核心元数据元素集定义的核心元素基础上，对专门领域信息资源的元数据进行约定。用于规范数据之间共享、交换的元数据标准主要有 GB/T 19688.5—2009《信息与文献 书目数据元目录 第 5 部分：编目和元数据交换用数据元》，GB/T 27702—2011《信息与文献 信息检索（Z39.50）应用服务定义和协议规范》，GB/T 34832—2017《信息与文献 CNMARC 的 XML 表示》。

科学数据，也称研究数据，是指人类在认识世界、改造世界的科技活动中所产生的原始性、基础性数据，以及按照不同需求系统加工的产品和相关信息[①]。描述、呈现、管理科学数据的元数据即为科学数据元数据。

国际上关于科学数据元数据相关标准具有明显的按学科领域分布的特点，主要分布在通用学科、生物学、地球科学、物理学、社会科学与人文学科等领域[②]。国内研制发布的科学数据元数据标准有中国科学院制定的《科学数据库核心元数据标准》，用于实现其科学数据库资源的利用、共享及整合。该标准以研究通用学科的科学数据为目标，元数据内容以信息识别和科研工作流为主。此外，科技部科学数据共享工程办公室制定了《科学数据共享元数据内容》作为参考元数据标准。

（二）本体、标识及描述标准

近年来，国际上发布的本体相关标准主要有 2020 年审查通过的 ISO 21127：2014《信息与文献 文化遗产信息交换的参考本体》（Information and documentation — A reference ontology for the interchange of cultural heritage information），该标准为文化遗产机构之间的信息交流提供了参考本体。2021 年审查通过的 ISO 15489-1：2016《信息与文献 文件管理 第 1 部分：概念和原则》（Information and documentation — Records management — Part 1: Concepts and principles）定义了用于开发记录创建、获取和管理方法的概念和原则。ISO 5127：2017《信息与文献 基础和术语》（Information and documentation — Foundation and vocabulary）为整个文档领域提供了概念系

---

① 科学数据共享工程技术标准 科学数据共享概念与术语 第 2 部分：术语（征求意见稿）[EB/OL].[2022-03-25]. https://max.book118.com/html/2018/0211/152702647.shtm.

② 朱玲.基于内容结构视图的研究数据元数据标准比较研究[J].大学图书学报,2019(6)：78-84.

统和通用词汇。ISO 30300：2020《信息与文献　文件管理核心概念和术语》（Information and documentation — Records management — Core concepts and vocabulary）定义了包含与记录管理领域的核心概念相关的术语和定义。

国内研制发布的本体相关标准主要有 GB/T 37965—2019《信息与文献　文化遗产信息交换的参考本体》，等同采用国际标准 ISO 21127：2014《信息与文献　文化遗产信息交换的参考本体》，并根据汉语环境的需求，进行了适当修正与补充。

2020 年审查通过的 ISO 17316：2015《信息与文献　国际标准关联标识符（ISLI）》[Information and documentation — International standard link identifier（ISLI）]，规定了信息和文献领域中实体（或其名称）之间链接的标识符。这些实体可以是文档、媒体资源、人或更抽象的项目，对其之间的关联进行定义，提供了一种识别关联的通用方法。修改采标自 ISO 17316：2015 的 GB/T 32867—2016《中国标准关联标识符（ISLI）》规定了信息与文献领域可被唯一识别的实体之间关联的标识符，标识和识别相关实体之间的关联关系。

国际上与描述相关的标准主要有 IFLA 于 2013 年 2 月发布的《ISBD 实例：ISBD 统一版本的补充：国际标准书目描述》（Full ISBD Examples：Supplement to the consolidated edition of the ISBD：International Standard Bibliographic Description），该标准是一个以各种语言展示 ISBD 指南的完整书目描述的集合；2013 年 7 月发布的《ISBD：国际标准书目著录—统一版本》（ISBD：International Standard Bibliographic Description Consolidated Edition），适用于任何类型目录中的书目资源描述。国内有 GB/T 34952—2017《多媒体数据语义描述要求》，规定了文本、图形、图像、音频和视频五类多媒体数据的语义描述要求。GB/T 40985—2021《数字版权保护　版权资源标识与描述》，规定了基于版权资源内容的版权资源标识的编码组成、分配及版权核心元数据描述。GB/T 3792 — 2021《信息与文献 资源描述》，定义了一整套覆盖各种类型资源的通用性描述规范，规定了数据元素被记录或转录的顺序以及用于识别和显示数据元素的标识符号。在新闻出版领域，GB/T 38381—2019《新闻出版 知识服务 知识元描述》，规定了知识元的描述规则和扩展规则，规定知识元描述应遵循的基本原则为独立性、可用性、可扩展性和规范性[①]；GB/T 38379—2019《新闻出版 知识服务 知识单元描述》，规定了知识单元的概念模型及描述规则，规定知识单元描述应遵循的基本原则为实用性、规范性和关联性[②]。上述标准对新闻出版及相关领域单位或机构开发利用数字内容资源、推动知识服务建设具有重要意义。

（三）叙词表与叙词表编制标准

作为规范特定领域专业词汇使用的叙词表，可以集中反映出一定时期某领域内所有专业术语的发展及应用情况，也一定程度上反映了专业领域的发展趋势。叙词表标准是对叙词表的编制和使用予以规范的规范性文件，一直是知识组织体系标准的重心所在。美国国家信息标准协会于 2010 年修订 ANSI/NISO Z39.19—2005（R2010）《单语受控词汇的构建、格式和管理指南》（Guidelines for the Construction, Format, and Management of Monolingual Controlled Vocabularies），定义了单语受控词汇的内容、显示、构造、测试、维护和管理。ISO 于 2007 年底开始着手修订叙词表编制标准，新标准 ISO 25964《信息与文献 叙词表及与其他词表的互操作》（Information and documentation — Thesauri and interoperability with other

---

① 新闻出版 知识服务 知识元描述：GB/T 38381—2019[S/OL].[2022-08-30]. https://openstd.samr.gov.cn/bzgk/gb/newGbInfo?hcno=926957E9BF4BB474108EF5E244CB1BC6.

② 新闻出版 知识服务 知识单元描述：GB/T 38379—2019[S/OL].[2022-08-30]. https://openstd.samr.gov.cn/bzgk/gb/newGbInfo?hcno=C51F4FDF72FB33820D63C596D3770B87.

vocabularies）包括两个部分：2017 年审查通过的第 1 部分"用于信息检索的叙词表"规范了与检索有关所有类型信息资源的词汇表，文本、声音、静止或移动图像、物理对象或多媒体等均可适用。2018 年审查通过的第 2 部分"与其他词表的互操作"，适用于词库和其他常用的信息检索词汇。它描述、比较和对比了当需要互操作性时涉及的这些词汇表的元素和特征，为建立和维护多个叙词表之间的映射或叙词表与其他类型的词汇表之间的映射提供了建议。

国内近些年叙词表编制相关标准主要有修改采标自 ISO 25964 系列标准的 2015—2018 年发布的 GB/T 13190《信息与文献 叙词表及其与其他词表的互操作》，为满足汉语叙词表编制的需求进行了适当修改和调整。

（四）分类标引及索引相关标准

国际上近些年分类标引及索引相关标准主要有美国国家信息标准组织 2021 年 7 月发布的 ANSI/NISO Z39.4—2021《索引标准》（ANSI/NISO Z39.4—2021 Criteria for Indexes）更新版本，为用于检索信息的索引的内容、组织和表示提供了指南。该标准定义了索引的原则并规定了所有索引必不可少的三个过程：综合设计、词汇管理和语法。

国内近些年研制发布的通用性的分类标引相关标准主要有 GB/T 3860—2009《文献主题标引规则》，该标准为非等效采标自 ISO 5963：1985《文献工作文献审读、主题分析与选定标引词的方法》（Documentation — Methods for examining documents, determining their subjects, and selecting indexing terms），规定了文献审读、主题分析以及依据各种主题词表进行文献主题受控标引的原则、方法。GB/T 32153—2015《文献分类标引规则》为非等效采用自 ISO 5963：1985《文献工作文献审读、主题分析与选定标引词的方法》，规定了文献分类标引的术语、定义、规则、方法、程序和质量管理。专用性标准主要有 GB/T 21373—2008《知识产权文献与信息　分类及代码》，规定了知识产权文献与信息的分类体系及代码。CADAL 项目管理中心于 2012 年发布的 CADAL 31001—2012《多维度标签分类标准》，确立了一个可用于大型数据库的知识管理架构，用多维度标签的形式对文献进行标引，定义了各维度名称的概念及其应用时的格式和范围。CADAL 发布的 CADAL 41101—2012《数字图书馆知识标引标准规范》系列标准分三个部分，其中第 1 部分为"数字图书馆知识元抽取规范"，规定了数字图书馆知识标引中知识元抽取的总体要求和方法[①]。第 2 部分"数字图书馆资源学科分类标准"对数字图书馆资源学科分类的总体要求和方法进行规定。第 3 部分"数字图书馆资源学科文献学术水平等级切分标准"规定了数字图书馆资源学科文献的学术水平等级的切分标准。GB/T 39910—2021《标准文献分类规则》规定了标准文献分类的依据、分类的步骤和分类的规则。

（五）知识组织互操作标准

20 世纪研制发布的知识组织体系标准主要是对知识组织体系本身的构建及使用进行规范，随着信息技术的快速发展，信息资源类型增多、形式多样，各知识组织体系之间的互操作已成为当前知识组织体系的重心所在。

国际上近年来发布的知识组织互操作相关标准主要有 ISO/IEC 19763-3：2020《信息技术　互操作性元模型框架（MFI）　第 3 部分：本体注册元模型》[Information technology — Metamodel framework for interoperability（MFI）— Part 3：Metamodel for ontology registration]，解决的是本体间的互操作问题。

---

① 数字图书馆知识标引标准规范　第1部分：数字图书馆知识元抽取规范：CADAL 41102—2012[S/OL].[2022-03-17]. https://max.book118.com/html/2017/0327/97324926.shtm.

该标准定义了元模型，该元模型提供了注册与本体相关的管理和演化信息的工具，旨在通过提供与本体相关的管理和进化信息，以及以特定语言注册本体本身的标准化本体存储库来促进应用系统之间的互操作性。ISO 25964 系列标准对知识组织体系之间的映射进行了全面的规范，新增的内容主要是对知识组织体系之间的互操作予以规范[①]。ISO/IEC 13250《信息技术 主题图》（Information technology — Topic Maps）系列标准主要是规范主题图之间的关联和互操作。其中 2017 年审查通过的第 2 部分"数据模型"指定了主题图数据模型，目的是定义主题映射交换语法的表示。2019 年审查通过的第 3 部分"XML 语法"，定义了用于主题图互操作的 XML 词表及从交换语法到数据模型的映射。2020 年审查通过的第 4 部分"规范化"定义了 CXTM 数据格式，CXTM 的目的是允许为各种主题图相关技术创建测试套件，这些测试套件可以在不同的主题图之间实现轻松移植。2020 年审查通过的第 5 部分"参考模型"定义了主题图的正式模型、最小访问功能和主题图的信息检索，以及管理主题图表示的约束框架。第 6 部分"压缩语法"定义了一种基于文本的符号，用于表示 ISO/IEC 13250-2 中定义的数据模型的实例，还定义了从这个符号到数据模型的映射。

国内研制发布的知识组织体系互操作相关标准主要有 GB/T 13190 系列标准，该系列标准在遵循 ISO 25964 系列标准基本原则的基础上，为满足汉语叙词表编制及互操作的需求进行了相应的调整。

（六）知识图谱标准

结合知识图谱技术发展及在各行业的实际应用需求，国外国内相关标准

---

① 刘华.叙词表国际标准的修订及其对基于知识组织的术语服务的影响[J].图书馆情报工作,2012（22）:21-25.

化组织开展了相关标准规范的研制工作。W3C 在知识图谱领域的标准化工作主要集中在语义网知识描述体系，包括知识表示、知识查询、知识推理三部分标准，研制与发布了 XML、RDF、SPARQL、RDF Schema、OWL 等系列标准，形成了一系列知识图谱中知识表示关键技术标准。ISO/IEC JTC 1/SC 42（国际标准化组织 / 国际电工委员会　第一联合技术委员会 / 人工智能分技术委员会）在 2018 年 8 月发布了《计算方法与人工智能系统研究报告》第二版，其中对知识图谱系统以及知识图谱计算方法与特点、知识图谱行业应用进行了论述，同时分析了知识图谱系统标准化需求及标准化可能存在的问题。中国电子技术标准化研究院向 IEEE 标准协会提交了《知识图谱架构》标准提案，于 2019 年 3 月正式立项。消息理解会议（Message Understanding Conference，MUC）针对关系抽取概念发布 MUC-6、MUC-7 评测标准，要求从非结构化文本中抽取信息填入预定义模板中，包括实体、实体属性、实体间关系、事件和充当事件角色的实体。美国国家标准技术研究院（National Institute of Standards and Technology，NIST）发布了自动内容抽取（Automatic Content Extraction Evaluation，ACE）评测标准，其中关系识别和检测任务定义了详细的关系类别体系，用于两个实体间的语义关系抽取。全国信息技术标准化技术委员会针对知识图谱技术，在相关国际标准的基础上发布了 GB/T 5271.28—2001《信息技术　词汇　第 28 部分：人工智能　基本概念与专家系统》、GB/T 5271.31—2006《信息技术　词汇　第 31 部分：人工智能　机器学习》、GB/T 35295—2017《信息技术　大数据　术语》三项基础国家标准，主要定义了知识工程、知识表示、知识获取、本体等部分知识图谱领域专业术语。2019 年由中国电子技术标准化研究院提出的《信息技术　人工智能　知识图谱技术框架》标准获准立项，由全国信息技术标准化技术委员会归口管理。此外，中国电子技术标准化研究院联合相关单位发布了《知识图谱标准化白皮书（2019 版）》《标准数字化知识图谱白皮书》，公安部第一研究所联合相关单位编写发布了行业应用领域的首个《公安知识图谱标准与白皮书》。

三、服务平台标准

服务平台是智慧图书馆的关键基础设施，是图书馆实现智慧化转型的关键，标准化是智慧图书馆服务平台建设的核心之一。智慧图书馆服务平台标准主要涉及数据标准、接口标准和应用规范，数据标准保障平台能兼容不同来源的、各种类型的资源，实现数据云的统一性和可操作性；接口标准的核心目标是保障互操作性、可扩展性，支持应用共享中间数据，支持不同模块间的交互请求，支持应用集成替换与混搭（Mashup）连接[①]。应用规范为确保平台的顺利应用，规范平台的应用模式与环境、应用实施、运行与维护等内容。

（一）数据标准

随着资源总量的快速增长，数字资源与网络资源逐渐成为主要馆藏类型及读者使用的主体资源。面对信息的泛在化和需求的多极化，图书馆亟须汇聚各种类型、各种来源、各种模式的信息资源。整合各类资源，支持多种数据的统一描述，构建面向数字资源与网络资源的信息描述与检索互操作标准，为智慧图书馆不同应用服务系统间的互操作建立统一的数据基础是智慧图书馆服务平台建设的重要任务。在信息描述方面，针对互联网上的信息组

---

① 陈进,郭晶,徐璟,等.智慧图书馆的架构规划[J].数字图书馆论坛,2018（6）:2-7.

织与检索问题，ISO/TC 46/SC 4 发布了 ISO 15836：2009《信息与文献　都柏林核心元数据元素集》（Information and documentation — The Dublin Core metadata element set）标准，用来对网络信息资源进行著录，目前 DC 已成为数字图书馆广泛使用元数据格式。为实现跨域资源描述，2019 年 ISO/TC 46/SC 4 发布了 ISO 15836-2：2019《信息与文献　都柏林核心元数据元素集　第 2 部分：DCMI 的属性和类》（Information and documentation — The Dublin Core metadata element set — Part 2：DCMI Properties and classes）标准，即都柏林核心元数据术语，包括 DCMI 元数据术语名称空间中的所有属性和类，以提高都柏林核心元数据中描述的准确性和可表达性，同时可以通过 URI 标识这些属性和类，以在关联数据中使用[①]。在信息检索和互操作方面，ISO 23950：1998《信息与文献　信息检索（Z39.50）应用服务定义和协议规范》[Information and documentation — Information retrieval（Z39.50）— Application service definition and protocol specification] 正式确定了一种基于网络信息检索的国际标准，被应用于检索各种类型的数据资源。在信息交换格式方面，图书馆 MARC 书目数据的保存和交换一直沿用 ISO 2709 格式，为适应网络的飞速发展，ISO/TC 46/SC 4 发布了 ISO 25577：2013《信息与文献　MARC 的 XML 表示》（Information and documentation — MarcXchange），规定 MarcXchange 作为 XML 描述的 MARC 数据的格式交换工具，是 ISO 2709 格式的 MARC 数据交换的一种补充。ISO 20614：2017《信息与文献　互操作性和保存的数据交换协议》（Information and documentation — Data exchange protocol for interoperability and preservation）为数据保存者、生产者和消费者之间的各种数据（包括数据和相关元数据）交

[①] Information and documentation — The Dublin Core metadata element set — Part 2：DCMI Properties and classes：ISO 15836-2：2019[S/OL].[2022-02-23]. https://www.iso.org/standard/71341. html.

换事务指定了一个标准化框架。同时，考虑到存档数据之间的交换。ISO 20614：2017 定义了五项事务（转移、交付、处置、修改和恢复），合作伙伴可以使用这些交易交换数据对象。同时该标准还指定了在这些事务中交换信息的语法和语义[①]。

除上述 ISO、国家标准外，图书馆界也从智慧图书馆服务平台建设实际需求出发研制相关标准，保证数字资源建设的通用性和交互性，确保智慧图书馆各类应用通过平台互联互通。如：为满足国家科技图书文献中心数字业务系统中各个系统应用的需要，建设统一文献元数据标准，支持多种数据的统一描述，形成一致的数据描述体系，对各个层面业务系统和服务系统的建设在数据层面进行规范，为 NSTL 数据集成融合、数据分析和数据挖掘，以及不同应用服务系统间的互操作建立统一的数据基础[②]。

（二）接口标准

智慧图书馆服务平台接口层通过标准化的接口协议实现系统与各种应用（含软件、硬件）的无缝对接，确保各种应用顺畅运行并能多租户自由搭建[③]。接口标准的建立有助于维护服务平台操作环境，是保证智慧图书馆数字资源共建共享和各类智能应用的基石。其中，ISO/IEC 9594《信息技术 开放系统互连》（Information technology — Open Systems Interconnection）系列标准奠定了信息技术发展的基础，成为各计算机网络接口普遍采用的标准。在云计算领域，GB/T 36623—2018《信息技术 云计算 文件服务应用接口》

---

① Information and documentation — Data exchange protocol for interoperability and Preservation：ISO 20614：2017[S/OL]．[2022-02-23]．https://www.iso.org/standard/68562. html.

② NSTL 统一文献元数据标准3.1[S/OL]．[2022-02-25]．http://spec.nstl.gov.cn/embed/metastandard. htm?parentPageId=1645770481476&metastandardid=370&base=base.

③ 陈进,郭晶,徐璟,等.智慧图书馆的架构规划[J].数字图书馆论坛,2018（6）:2-7.

规定了文件服务应用接口的基本要求和扩展要求[①]；GB/T 37732—2019《信息技术　云计算　云存储系统服务接口功能》规定了云存储系统提供的块存储、文件存储、对象存储等存储服务和运维服务接口的功能[②]。在云数据存储和管理方面,GB/T 31916.2—2015《信息技术　云数据存储和管理　第2部分：基于对象的云存储应用接口》给出了基于对象的云数据存储体系结构，规定了基于对象的云存储的应用接口通用要求和应用接口定义[③]；GB/T 31916.3—2018《信息技术　云数据存储和管理　第3部分：分布式文件存储应用接口》给出了分布式文件存储的体系结构，规定了分布式文件存储的应用接口通用要求和应用接口[④]；GB/T 31916.5—2015《信息技术　云数据存储和管理　第5部分：基于键值（Key-Value）的云数据管理应用接口》给出了键值数据模型，规定了键值的云数据管理应用接口通用要求和接口定义[⑤]。在大数据领域，GB/T 38672—2020《信息技术　大数据　接口基本要求》针对大数据系统的设计、开发和应用部署，给出了基于大数据参考架构的接口框架，规定了接口的基本要求[⑥]。

---

① 国家市场监督管理总局,中国国家标准化管理委员会.信息技术　云计算　文件服务应用接口:GB/T 36623—2018[S].北京:中国标准出版社,2018:9.

② 国家市场监督管理总局,中国国家标准化管理委员会.信息技术　云计算　云存储系统服务接口功能:GB/T 37732—2019[S].北京:中国标准出版社:2019:7.

③ 中华人民共和国国家质量监督检验检疫总局,中国国家标准化管理委员会.信息技术　云数据存储和管理　第2部分:基于对象的云存储应用接口:GB/T 31916.2—2015[S].北京:中国标准出版社,2015:11.

④ 国家市场监督管理总局,中国国家标准化管理委员会.信息技术　云数据存储和管理　第3部分:分布式文件存储应用接口:GB/T 31916.3—2018[S].北京:中国标准出版社,2018:6.

⑤ 中华人民共和国国家质量监督检验检疫总局,中国国家标准化管理委员会.信息技术　云数据存储和管理　第5部分:基于键值(Key-Value)的云数据管理应用接口:GB/T 31916.5—2015[S].北京:中国标准出版社,2015:10.

⑥ 国家市场监督管理总局,中国国家标准化管理委员会.信息技术　大数据　接口基本要求:GB/T 38672—2020[S].北京:中国标准出版社,2020:4.

（三）应用规范

深圳图书馆和深圳市标准技术研究院联合研制 SZDB/Z 168—2016《公共图书馆统一服务技术平台应用规范》，规定了公共图书馆统一服务技术平台应用实施与运行管理中的总体原则、统一业务标识、统一服务标识与服务管理等方面的要求，旨在指导并规范深圳市公共图书馆统一服务技术平台的搭建与运行管理，促进区域公共图书馆基本服务的一体化与均等化，实现统一服务的可持续发展[①]。

四、智慧服务标准

关于智慧图书馆相关的服务标准，主要涉及射频识别技术，虚拟、混合和增强现实技术，生物识别技术以及智能问答等领域的标准建设。

在射频识别技术领域，ISO 发布了一系列相关标准。ISO 28560-1：2011《信息与文献　图书馆射频识别（RFID）　第 1 部分：数据元素及实施通用指南》（Information and documentation — RFID in libraries — Part 1：Data elements and general guidelines for implementation），ISO 28560-2：2014《信息与文献　图书馆射频识别（RFID）第 2 部分：基于 ISO/IEC 15962 规则的 RFID 数据元素编码》（Information and documentation — RFID in libraries — Part 2：Encoding of RFID data elements based on rules from ISO/IEC 15962），ISO 28560-3：2011《信息与文献　图书馆射频识别（RFID）　第 3 部分：

---

① 深圳市文体旅游局.公共图书馆统一服务技术平台应用规范：SZDB/Z 168—2016[S/OL].［2023-01-13］. http://amr.sz.gov.cn/attachment/1/1195/1195465/9772235.pdf.

定长编码》（Information and documentation — RFID in libraries — Part 3：Fixed length encoding），ISO/TS 28560-4：2014《信息和文档图书馆中的 RFID　第 4 部分：分区存储 RFID 标签中的基于 ISO/IEC 15962 规则的数据元素编码》（Information and documentation — RFID in libraries — Part 4：Encoding of data elements based on rules from ISO/IEC 15962 in an RFID tag with partitioned memory）。其中，ISO28560-1：2011 定义了必备和可选的数据元素①，ISO28560-2：2014②和 ISO28560-3：2011③定义了工作频率为 13.56MHz 的 RFID 标签的两种编码方案供图书馆选择使用，ISO/TS 28560-4：2014 定义了频率在 860-960MHz 的 RFID 标签的编码方案④。基于 ISO 发布的 RFID 相关标准，我国做了有关结构和技术差异调整，发布了 GB/T 35660.1—2017 《信息与文献　图书馆射频识别（RFID）　第 1 部分：数据元素及实施通用指南》，GB/T 35660.2—2017《信息与文献　图书馆射频识别（RFID）　第 2 部分：基于 ISO/IEC 15962 规则的 RFID 数据元素编码》，GB/T 35660.3— 2021《信息与文献　图书馆射频识别（RFID）　第 3 部分：分区存储 RFID 标签中基于 ISO/IEC 15962 规则的数据元素编码》等标准，旨在建立一套较为完善的，适用于我国图书馆射频识别管理的、规范的数据编码格式体系。其中 GB/T 35660.1—2017 规定了适用于各种类型图书馆需要的馆藏射频识

---

① Information and documentation — RFID in libraries — Part 1：Data elements and general guidelines for implementation：ISO 28560-1：2011[S/OL].［2022-03-03］. https://www.iso.org/standard/50996. html.

② Information and documentation　— RFID in libraries　— Part 2：Encoding of RFID data elements based on rules from ISO/IEC 15962：ISO 28560-2：2014[S/OL].［2022-03-03］. https://www.iso.org/standard/65204. html.

③ Information and documentation — RFID in libraries — Part 3：Fixed length encoding：ISO 28560-3：2011[S/OL].［2022-03-03］. https://www.iso.org/standard/50998. html.

④ Information and documentation — RFID in libraries — Part 4：Encoding of data elements based on rules from ISO/IEC 15962 in an RFID tag with partitioned memory：ISO/TS 28560-4：2014[S/OL].［2022-03-03］. https://www.iso.org/standard/62311. html.

别标签使用模型①；GB/T 35660.2—2017 规定了适合各种类型的图书馆需要的馆藏射频识别标签使用的数据模型和编码规则②；GB/T 35660.3—2021 针对工作频率在 860MHz~960MHz 的超高频 RFID 标签的存储结构而制定的数据编码方案，对应的 RFID 阅读器设置为遵守当地的无线电规则③。

在虚拟现实、混合现实和增强现实技术领域，上文所提及的新型资源建设的相关标准在图书馆构建三维立体图书馆虚拟场景中得到广泛应用，给用户带来一种漫步于三维立体图书馆空间的体验。

在生物特征识别领域，我国发布了一系列标准，如 GB/T 38671—2020《信息安全技术　远程人脸识别系统技术要求》，GB/T 35783—2017《信息技术　虹膜识别设备通用规范》，GB/T 37742—2019《信息技术　生物特征识别　指纹识别设备通用规范》，GB/T 38542—2020《信息安全技术　基于生物特征识别的移动智能终端身份鉴别技术框架》等，分别从人脸识别、虹膜、指纹智能终端等方面进行规定，用于满足用户生物识别，提供智能化服务。

在智能问答方面，2003 年，IFLA 颁布了《国际图联数字参考咨询指南》（IFLA Digital Reference Guidelines）和《IFLA 图书馆参考模型（LRM）》[IFLA Library Reference Model（LRM）]。《国际图联数字咨询参考指南》分两部分，第一部分为"数字参考服务管理"，规定了项目管理者的职责；

---

① 中华人民共和国国家质量监督检验检疫总局,中国国家标准化管理委员会,中国国家标准化管理委员会.信息与文献　图书馆射频识别（RFID）　第 1 部分:数据元素及实施通用指南:GB/T 35660.1—2017[S].北京:中国标准出版社,2017:12.

② 中华人民共和国国家质量监督检验检疫总局,中国国家标准化管理委员会信息与文献　图书馆射频识别（RFID）　第 2 部分:基于 ISO/IEC 15962 规则的 RFID 数据元素编码:GB/T 35660.2—2017[S].北京:中国标准出版社,2018:1.

③ 中华人民共和国国家质量监督检验检疫总局,中国国家标准化管理委员会.信息与文献　图书馆射频识别（RFID）　第 3 部分:分区存储 RFID 标签中基于 ISO/IEC 15962 规则的数据元素编码:GB/T 35660.3—2021[S].北京:中国标准出版社,2021:11.

第二部分为"数字参考服务实践"，为实践工作者提供具体指引、示例。《IFLA 图书馆参考模型》旨在实现 FRBR、FRAD 和 FRSAD 三个概念模型的统一，以解决模型间的矛盾与冲突，对信息组织工作意义重大①。我国发布了智能客服语义库、智能语音交互系统、中文语音识别等方面的国家标准，其中，智能客服语义库领域的标准有 GB/T 34952—2017《多媒体数据语义描述要求》，GB/T 36350—2018《信息技术　学习、教育和培训　数字化学习资源语义描述》等；智能语音交互系统方面的国家标准包括：GB/T 36464.1—2020《信息技术　智能语音交互系统　第 1 部分：通用规范》，GB/T 36464.2—2018《信息技术　智能语音交互系统　第 2 部分：智能家居》，GB/T 36464.3—2018《信息技术　智能语音交互系统　第 3 部分：智能客服》，GB/T 36464.4—2018《信息技术　智能语音交互系统　第 4 部分：移动终端》等；中文语音识别方面的国家标准包括：GB/T 5271.29—2006《信息技术　词汇　第 29 部分：人工智能　语音识别与合成》，GB/T 34083—2017《中文语音识别互联网服务接口规范》,GB/T 35312—2017《中文语音识别终端服务接口规范》等。此外，WH/T 71—2015《图书馆参考咨询服务规范》明确了图书馆参考咨询服务应达到的具体目标与要求，旨在规范我国各类图书馆参考咨询服务，提高参考咨询服务的效能与管理水平②；DB 34/T 2444—2015《图书馆实时咨询服务规范》规定了图书馆实时咨询服务术语和定义、服务内容、服务要求、评价与改进等内容，传统服务与数字服务有机融合，旨在为图书馆参考咨询实现智能化服务助力③。

---

① IFLA Digital Reference Guidelines [EB/OL]. [2022-03-03]. http://archive.ifla.org/VII/s36/pubs/drg03. htm.

② 中华人民共和国文化部.图书馆参考咨询服务规范:WH/T 71—2015[S].北京:国家图书馆出版社,2016:3.

③ 安徽省质量技术监督局.图书馆实时咨询服务规范:DB34/T 2444—2015[S/OL]. [2022-03-03]. https://max.book118.com/html/2020/1010/5131312000003010.shtm.

五、智慧楼宇标准

2007 年，IFLA 颁布了《国际图联图书馆建筑指南：发展与反思》(IFLA Library Building Guidelines：Developments & Reflections)，内容涉及建筑规划过程的信息和指南，包括调查空间需求时应考虑的事项、从营销角度进行的图书馆设计、与图书馆建筑相关的绿色管理和可持续性以及阅读计划的指南[①]。2012年,ISO发布了 ISO/TR 11219：2012《信息和文献　图书馆建筑的基本条件和基本数据　空间、功能与设计》(Information and documentation — Qualitative conditions and basic statistics for library buildings — Space，function and design)，规定了图书馆建筑规划的数据，为图书馆不同功能领域的技术建筑设备选择提供指导[②]。

国内有关智能建筑的标准有 GB 50606—2010《智能建筑工程施工规范》，GB 50339—2013《智能建筑工程质量验收规范》，GB/T 50314—2006（现为 GB 50314—2015)《智能建筑设计标准》等。这三个标准内容涉及智能建筑的设计标准、施工规范以及质量验收规范，构成了一个完整的工程标准体系。JGJ 38—2015《图书馆建筑设计规范》中，提出了图书馆建筑智能化设计，包括宜设置计算机网络系统、综合布线系统、通信系统、广播系统、安全防范系统、信息发布及查询系统、建筑设备监控系统、火灾自动报警系统

---

① IFLA Library Building Guidelines：Developments & Reflections [EB/OL]. [2022-03-03]. https://www.degruyter.com/document/doi/10.1515/9783598440373/html.

② Information and documentation — Qualitative conditions and basic statistics for library buildings — Space，function and design：ISO/TR 11219：2012[S/OL]. [2022-03-03]. https://www.iso.org/standard/50251.html.

及应急广播系统等内容[①]。此外，深圳市出台了 DB4403/T 170—2021《无人值守智慧书房设计及服务规范》的地方标准，该标准为无人值守智慧书房的设计、建设与服务提供参照[②]。

近年来，随着与人工智能、大数据等技术的深度融合，数字孪生技术在智能制造、智慧城市、智慧医疗、智慧交通等领域显示出广阔的应用前景。2017 年佐治亚理工大学首次提出数字孪生城市，2018 年中国信息通信研究院发布了《数字孪生城市研究报告》。从 2018 年起，ISO、IEC、IEEE 三大标准化组织也开始着手数字孪生相关标准化工作。ISO 23247-1：2021《自动化系统与集成 面向制造的数字孪生框架 第 1 部分：综述和基本原理》（Automation systems and integration — Digital twin framework for manufacturing — Part 1：Overview and general principles）包含了数字孪生框架概述和一般原则[③]；ISO 23247-2：2021《自动化系统与集成 面向制造的数字孪生框架 第 2 部分：参考架构》（Automation systems and integration — Digital twin framework for manufacturing — Part 2：Reference architecture）提供了参考架构，包括参考模型和功能视图[④]；ISO 23247-3：2021《自动化系统与集成 面向制造的数字孪生框架 第 3 部分：制造元素的基本信息属性列表》（Automation systems and integration — Digital twin framework for manufacturing — Part 3：Digital representation of manufacturing elements）给出

---

① 中国建筑西北设计研究院.图书馆建筑设计规范:JGJ 38—2015[S].北京:中国建筑工业出版社,2015:26.

② 深圳市文化广电旅游体育局.无人值守智慧书房设计及服务规范:DB4403/T 170—2021[S/OL]. [2023-01-13]. http://amr.sz.gov.cn/attachment/0/797/797455/9772236.pdf.

③ Automation systems and integration — Digital twin framework for manufacturing — Part 1:Overview and general principles:ISO 23247-1:2021[S/OL]. [2022-03-03]. https://www.iso.org/standard/75066. html.

④ Automation systems and integration — Digital twin framework for manufacturing — Part 2:Reference architecture:ISO 23247-2:2021[S/OL]. [2022-03-03]. https://www.iso.org/standard/78743. html.

了信息属性标准和示例[①]；ISO 23247-4：2021《自动化系统集成　面向制造的数字孪生框架　第 4 部分：信息交换》（Automation systems and integration — Digital twin framework for manufacturing — Part 4：Information exchange）确定了参考架构内实体之间信息交换的技术要求[②]；ISO/TR 24464：2020《自动化系统和集成　工业数据　数字孪生的可视化元素》（Automation systems and integration — Industrial data — Visualization elements of digital twins）定义了物理资产和物理资产的数字复制品等可视化元素[③]。

六、关键技术标准

智慧图书馆是建立在前沿技术基础上的，技术的应用对智慧图书馆的发展和建设产生着至关重要的影响。ISO/IEC 发布的人工智能、大数据、云计算、区块链、物联网等方面的技术标准已经被广泛应用到数字图书馆建设与服务中，未来还将对智慧图书馆的发展发挥关键技术支撑作用。

（一）人工智能标准

为加快推动国际人工智能标准建设，2017 年 10 月，ISO/IEC JTC 1（第

---

① Automation systems and integration — Digital twin framework for manufacturing — Part 3：Digital representation of manufacturing elements：ISO 23247-3：2021[S/OL].[2022-03-03].https://www.iso.org/standard/78744.html.

② Automation systems and integration — Digital twin framework for manufacturing — Part 4：Information exchange：ISO 23247-4：2021[EB/OL].[2022-03-03].https://www.iso.org/standard/78745.html.

③ Automation systems and integration — Industrial data — Visualization elements of digital twins：ISO/TR 24464：2020[EB/OL].[2022-03-03].https://www.iso.org/standard/78836.html.

一联合技术委员会）成立人工智能分技术委员会（SC 42），负责人工智能技术相关的标准制定[①]，相关标准涉及人工智能应用案例、系统计算方法、系统相关偏差和可信度等。ISO/IEC JTC 1/ SC 42 发布的人工智能国际标准如表3-2 所示。

表 3-2　ISO/IEC JTC 1/ SC 42 发布的人工智能国际标准

标准编号	标准名称	标准中文名称	描述
ISO/IEC 22989：2022	Information technology — Artificial intelligence — Artificial intelligence concepts and terminology	信息技术　人工智能　概念和术语	概念和术语
ISO/IEC TR 24372：2021	Information technology — Artificial intelligence（AI）— Overview of computational approaches for AI systems	信息技术　人工智能（AI）人工智能系统的计算方法概述	计算方法
ISO/IEC TR 24030：2021	Information technology — Artificial intelligence（AI）— Use cases	信息技术　人工智能（AI）用例	应用案例
ISO/IEC TR 24027：2021	Information technology — Artificial intelligence（AI）— Bias in AI systems and AI aided decision making	信息技术　人工智能（AI）　人工智能系统和人工智能辅助决策中的偏差	系统偏差
ISO/IEC TR 24028：2020	Information technology — Artificial intelligence — Overview of trustworthiness in artificial intelligence	信息技术　人工智能　人工智能系统的可信度概述	系统可信度

其中，ISO/IEC 22989：2022标准界定了人工智能领域的概念[②]；ISO/IEC TR 24372：2021 标准从人工智能系统的主要计算特征、人工智能系统中使

---

① 魏国富,石英村.人工智能数据安全治理与技术发展概述[J].信息安全研究,2021（2）:110-119.

② Information technology　— Artificial intelligence　— Artificial intelligence concepts and terminology：ISO/IEC 22989：2022[S/OL].[2022-08-10].https://www.iso.org/standard/74296. html.

用的主要算法和方法两个方面概述了人工智能系统计算方法的最新进展[①]；
ISO/IEC TR 24030：2021 标准提供了各领域人工智能应用的代表性应用案例[②]；ISO/IEC TR 24027：2021 标准阐述了与人工智能系统相关的偏差，尤其是人工智能辅助决策方面的偏差，描述了评估偏差的测量技术和方法，旨在解决和处理与偏差相关的脆弱性[③]；ISO/IEC TR 24028：2020标准提出通过透明度、可解释性、可控性等在人工智能系统中建立信任的方法，人工智能系统的工程缺陷和典型的相关威胁和风险，以及可能的缓解技术和方法[④]。

（二）大数据标准

2017 年 10 月，在 ISO/IEC JTC 1 第 32 次全体会议上将 WG9 大数据工作组及其研究项目转移至 SC 42，即将大数据标准化工作纳入人工智能标准化工作[⑤]。如表 3-3 所示，ISO/IEC JTC 1 制定的大数据标准主要涉及大数据的术语和定义及参考体系结构。

---

① Information technology — Artificial intelligence（AI）— Overview of computational approaches for AI systems：ISO/IEC TR 24372：2021［S/OL］.［2022-03-02］. https：//www.iso.org/standard/78508. html.

② Information technology — Artificial intelligence（AI）— Use cases：ISO/IEC TR 24030：2021：［S/OL］.［2022-03-02］. https：//www.iso.org/standard/77610. html.

③ Information technology — Artificial intelligence（AI）— Bias in AI systems and AI aided decision making：ISO/IEC TR：24027：2021［S/OL］.［2022-03-02］. https：//www.iso.org/standard/77607. html.

④ ISO/IEC TR 24028：2020：Information technology — Artificial intelligence — Overview of trustworthiness in artificial intelligence［S/OL］.［2022-03-02］. https：//www.iso.org/standard/77608. html.

⑤ 陈敏刚,赵春昊,陈文捷.大数据与人工智能融合的趋势分析[J].信息技术与标准化,2020（Z1）:40-43.

表 3-3　ISO/IEC JTC 1/ SC 42、SC 27 发布的大数据国际标准

标准编号	标准名称	标准中文名称	描述
ISO/IEC 20546：2019	Information technology — Big data — Overview and vocabulary	信息技术　大数据概览与词汇	概念和术语
ISO/IEC TR 20547-1：2020	Information technology — Big data reference architecture — Part 1: Framework and application process	信息技术　大数据参考结构　第 1 部分：框架和应用过程	框架与应用
ISO/IEC TR 20547-2：2018	Information technology — Big data reference architecture — Part 2: Use cases and derived requirements	信息技术　大数据参考结构　第 2 部分：用例和派生需求	用例和派生需求
ISO/IEC 20547-3：2020	Information technology — Big data reference architecture — Part 3: Reference architecture	信息技术　大数据参考结构　第 3 部分：参考架构	体系架构
ISO/IEC 20547-4：2020	Information technology — Big data reference architecture — Part 4: Security and privacy	信息技术　大数据参考结构　第 4 部分：安全和隐私保护	安全和隐私
ISO/IEC TR 20547-5：2018	Information technology — Big data reference architecture — Part 5: Standards roadmap	信息技术　大数据参考架构　第 5 部分：标准路线图	路线图

其中，ISO/IEC 20546：2019 标准定义了一系列大数据相关术语，为大数据相关标准提供了术语基础，是对基础大数据术语标准 ISO/IEC 20546 的补充[1]。ISO/IEC TR 20547 系列标准提供了一个全面的大数据参考体系结构，包括框架与应用、用例和需求、参考体系架构、安全和隐私保护、标准路线图，其中，ISO/IEC 20547-4：2020 标准由信息安全、网络安全和隐私保护分技术委员会（SC 27）制定。

此外，ISO/IEC JTC 1/SC 42 正在研制的 ISO/IEC 24668《信息技术　人

---

① 　Information technology — Big data — Overview and vocabulary：ISO/IEC 20546：2019［S/OL］.［2022-03-09］. https://www.iso.org/standard/68305. html.

工智能　大数据分析过程管理框架》(Information technology — Artificial intelligence — Process management framework for big data analytics) 标准旨在标准化利用人工智能技术实现大数据分析的过程管理[①]；ITU-T(国际电信联盟远程通信标准化组织)发布的由中国主导的首个大数据标准 ITU-TY. 3600《基于云计算的大数据需求与能力标准》(Big data-Cloud computing based requirements and capabilities)，详述了基于云计算的大数据的需求、功能、用户案例和其"系统文本"，以及基于云计算的大数据系统的高级视图和与其他对象的相互关系，为大数据系列标准的陆续制定提供了理论参考和准则[②]。

(三)云计算标准

云计算领域的国际标准主要由云计算和分布式平台技术分委员会(SC 38)负责制定，相关标准涉及云基础标准、云资源标准和云服务标准。此外，云安全标准由信息安全、网络安全和隐私保护分技术委员会负责制定，ISO/IEC JTC 1/SC 38、SC 27 发布的云计算国际标准如表 3-4 所示。

表 3-4　ISO/IEC JTC 1/SC 38、SC 27 发布的云计算国际标准

标准编号	标准名称	标准中文名称	描述
ISO/IEC 17788：2014	Information technology — Cloud computing — Overview and vocabulary	信息技术　云计算概览与词汇	概念和术语

---

① 陈敏刚,赵春昊,陈文捷.大数据与人工智能融合的趋势分析[J].信息技术与标准化, 2020(Z1):40-43.

② 基于云计算的大数据的ITU-T新标准[EB/OL].[2022-03-16]. http://intl.ce.cn/specials/ zxgjzh/201508/28/t20150828_6351097.shtml.

续表

标准编号	标准名称	标准中文名称	描述
ISO/IEC 17789：2014	Information technology — Cloud computing — Reference architecture	信息技术 云计算 参考架构	参考架构
ISO/IEC 22624：2020	Information technology — Cloud computing — Taxonomy based data handling for cloud services	信息技术 云计算 基于分类法的云服务数据处理	数据处理
ISO/IEC 19941：2017	Information technology — Cloud computing — Interoperability and portability	信息技术 云计算 互操作性和可移植性	互操作性和可移植性
ISO/IEC 19944-1：2020	Cloud computing and distributed platforms — Data flow，data categories and data use — Part 1：Fundamentals	云计算和分布式平台 数据流、数据类别和数据使用 第 1 部分：基本原理	数据流
ISO/IEC 22123-1：2021	Information technology — Cloud computing — Part 1：Vocabulary	信息技术 云计算 第 1 部分：词汇	词汇
ISO/IEC 19086-1：2016	Information technology — Cloud computing — Service level agreement（SLA）framework — Part 1：Overview and concepts	信息技术 云计算服务水平协议（SLA）框架 第 1 部分：概览与概念	服务水平协议
ISO/IEC 19086-2：2018	Cloud computing — Service level agreement（SLA）framework — Part 2：Metric model	云计算 服务水平协议（SLA）框架 第 2 部分：度量模型	服务水平协议
ISO/IEC 19086-3：2017	Information technology — Cloud computing — Service level agreement（SLA）framework — Part 3：Core conformance requirements	信息技术 云计算 服务水平协议（SLA）框架 第 3 部分：核心一致性要求	服务水平协议

续表

标准编号	标准名称	标准中文名称	描述
ISO/IEC 19086-4：2019	Cloud computing — Service level agreement（SLA）framework — Part 4：Components of security and of protection of PII	云计算　服务水平协议（SLA）框架第 4 部分：PII 安全和保护组件	服务水平协议
ISO/IEC TR 23951：2020	Information technology — Cloud computing — Guidance for using the cloud SLA metric model	信息技术　云计算云服务水平协议度量模型的使用指南	服务水平协议
ISO/IEC TR 22678：2019	Information technology — Cloud computing — Guidance for policy development	信息技术　云计算政策制定指南	政策指南
ISO/IEC TR 23186：2018	Information technology — Cloud computing — Framework of trust for processing of multi-sourced data	信息技术　云计算处理多源数据的信任框架	数据处理
ISO/IEC 27018：2019	Information technology — Security techniques — Code of practice for protection of personally identifiable information（PII）in public clouds acting as PII processors	信息技术　安全技术　充当 PII 处理器的公共云中保护个人身份信息（PII）的实施准则	信息安全

其中，ISO/IEC 17788：2014 标准提供了云计算概述及相关术语和定义[1]，ISO/IEC 17789：2014标准定义了云计算参考体系结构[2]，这些云基础标准主要统一云计算术语及相关概念，为其他各部分标准的制定提供支撑。云资源标准 ISO/IEC 19944-1：2020 描述设备和云计算生态系统中的各种类型数据、连接设备对云计算生态系统数据流的影响、云服务与云服务用户之间的数据流，并提供数据分类法，确定流经云服务客户设备和云服务的数据类

---

[1]　Information technology — Cloud computing — Overview and vocabulary：ISO/IEC 17788：2014[S/OL]. [2022-03-03]. https：//www.iso.org/standard/60544. html.

[2]　Information technology — Cloud computing — Reference architecture：ISO/IEC 17789：2014[S/OL]. [2022-03-03]. https：//www.iso.org/standard/60545. html.

别^①。云服务标准主要包括ISO/IEC 19086系列标准，提供云计算服务水平协议框架。此外，由 ISO/IEC JTC 1/SC 27 发布的云安全标准 ISO/IEC 27018：2019 提供的指导旨在确保云服务提供商提供适当的信息安全控制措施，以通过保护委托给他们的个人身份信息来保护客户的隐私^②。

（四）区块链标准

区块链领域的国际标准主要由 ISO/TC 307（区块链和分布式记账技术委员会）负责制定。目前，ISO/TC 307 发布的标准涉及术语、分类与本体、数字资产托管和智能合约等标准，如表 3-5 所示。

表 3-5　ISO/TC 307 发布的区块链国际标准

标准编号	标准名称	标准中文名称	描述
ISO 22739：2020	Blockchain and distributed ledger technologies — Vocabulary	区块链和分布式记账技术　术语	术语
ISO/TS 23258：2021	Blockchain and distributed ledger technologies — Taxonomy and Ontology	区块链和分布式记账技术　分类和本体	分类和本体
ISO/TR 23576：2020	Blockchain and distributed ledger technologies — Security management of digital asset custodians	区块链和分布式记账技术　数字资产保管人的安全管理	安全管理

---

① Cloud computing and distaributed platforms — Data flow，data categories and data use — Part 1：Fundamentals：ISO/IEC 19944-1：2020[EB/OL].[2022-03-03]. https://www.iso.org/standard/79573. html.

② Information technology — Security techniques — Code of practice for protection of personally identifiable information（PII）in public clouds acting as PII processors：ISO/IEC 27018：2019[S/OL]. [2022-03-03].https://www.iso.org/standard/76559. html.

续表

标准编号	标准名称	标准中文名称	描述
ISO/TR 23244：2020	Blockchain and distributed ledger technologies — Privacy and personally identifiable information protection considerations	区块链和分布式记账技术　隐私和个人别信息保护注意事项	信息保护
ISO/TR 23455：2019	Blockchain and distributed ledger technologies — Overview of and interactions between smart contracts in blockchain and distributed ledger technology systems	区块链和分布式记账技术　区块链和分布式账本技术系统中智能合约的概述和交互	智能合约

其中 ISO 22739：2020 定义了区块链和分布式记账技术，区块链关键技术，以及链的类型等[①]；ISO/TS 23258：2021 指定了区块链和分布式账本技术（DLT）的分类法和本体[②]；ISO/TR 23576：2020 讨论了数字资产托管中的相关威胁、风险和控制[③]；ISO/TR 23244：2020 概述了适用于区块链和分布式账本技术系统的隐私和个人识别信息保护[④]；ISO/TR 23455：2019 概述了区块链和分布式记账技术系统中的智能合约，描述了智能合约工作的各个方面及多个智能合约之间的交互方法[⑤]。

---

① Blockchain and distributed ledger technologies — Vocabulary：ISO 22739：2020[S/OL]. [2022-03-07]. https://www.iso.org/standard/73771. html.

② Blockchain and distributed ledger technologies — Taxonomy and Ontology：ISO/TS 23258：2021[S/OL]. [2022-03-07]. https://www.iso.org/standard/75094. html.

③ Blockchain and distributed ledger technologies — Security management of digital asset custodians：SO/TR 23576：2020[S/OL]. [2022-03-07]. https://www.iso.org/standard/76072. html.

④ Blockchain and distributed ledger technologies — Privacy and personally identifiable information protection considerations：ISO/TR 23244：2020[S/OL]. [2022-03-07]. https://www.iso.org/standard/75061. html.

⑤ Blockchain and distributed ledger technologies—Overview of and interactions between smart contracts in blockchain and distributed ledger technology systems：ISO/TR 23455：2019[S/OL]. [2022-03-07]. https://www.iso.org/standard/75624. html.

（五）物联网标准

为适应智能化时代物联网建设需求，ISO/IEC JTC 1 成立物联网与数字孪生分技术委员会（SC 41），开展物联网及相关技术领域标准化工作。相关标准如表 3-6 所示，主要涉及物联网术语、物联网架构、物联网互操作及物联网应用。

表 3-6　ISO/IEC JTC 1/SC 41 发布的物联网国际标准

标准编号	标准名称	标准中文名称	描述
ISO/IEC 20924：2021	Information technology — Internet of Things（IoT）— Vocabulary	信息技术　物联网（IoT）词汇	词汇
ISO/IEC 30141：2018	Internet of Things（IoT）— Reference Architecture	物联网（IoT）参考架构	体系结构
ISO/IEC 30165：2021	Internet of Things（IoT）— Real-time IoT framework	物联网（IoT）实时物联网框架	实时框架
ISO/IEC 21823-1：2019	Internet of things（IoT）— Interoperability for IoT systems — Part 1：Framework	物联网（IoT）物联网系统的互操作性　第 1 部分：框架	互操作
ISO/IEC 21823-2：2020	Internet of things（IoT）— Interoperability for IoT systems — Part 2：Transport interoperability	物联网（IoT）物联网系统的互操作性　第 2 部分：传输互操作性	互操作
ISO/IEC 21823-3：2021	Internet of things（IoT）— Interoperability for IoT systems — Part 3：Semantic interoperability	物联网（IoT）物联网系统的互操作性　第 3 部分：语义互操作性	互操作

续表

标准编号	标准名称	标准中文名称	描述
ISO/IEC 21823-4：2022	Internet of Things（IoT）— Interoperability for IoT systems — Part 4：Syntactic interoperability	物联网（IoT） 物联网系统的互操作性第4部分：语法互操作性	互操作
ISO/IEC TR 22417：2017	Information technology — Internet of Things（IoT）— IoT use cases	信息技术物联网（IoT） 用例	应用案例

其中，ISO/IEC 20924：2021 标准提供了物联网相关的术语和定义[①]。在物联网架构方面，ISO/IEC 30141：2018 标准规定了物联网系统特性、概念模型、参考模型、参考体系结构视图以及物联网可信性，该国际标准的发布为全球物联网实现提供体系架构、参考模型的总体指导[②]；ISO/IEC 30165：2021 标准规定了实时物联网系统的框架，对指导实时物联网系统的设计、开发和维护具有重大意义[③]。在物联网互操作方面，ISO/IEC 21823 系列标准概述了适用于物联网系统的互操作性，规定了物联网系统之间的传输互操作接口和要求，提供了物联网系统语义互操作性的基本概念，从而解决了物联网系统传输互操作标准化问题。在应用方面，ISO/IEC TR 22417：2017 标准根据实际应用和要求确定物联网场景和应用案例[④]。

我国为积极推进人工智能、大数据、云计算、区块链、物联网等新技术领域标准化工作，对上述部分 ISO 的技术标准等同采用或修改采用，如

---

① Information technology — Internet of Things（IoT）— Vocabulary：ISO/IEC 20924：2021[S/OL]. [2022-03-09]. https://www.iso.org/standard/82771. html.

② Internet of Things（IoT）— Reference Architecture：ISO/IEC 30141：2018[S/OL]. [2022-03-09]. https://www.iso.org/standard/65695. html.

③ Internet of Things（IoT）— Real-time IoT framework：ISO/IEC 30165：2021[S/OL]. [2022-03-09]. https://www.iso.org/standard/53285. html.

④ Information technology — Internet of things（IoT）use cases：ISO/IEC TR 22417：2017[S/OL]. [2022-03-16]. https://www.iso.org/standard/73148. html.

国家标准 GB/T 32400—2015《信息技术 云计算 概览与词汇》等同采用 ISO/IEC 17788：2014 标准，国家标准 GB/T 32399—2015《信息技术 云计算 参考架构》修改采用 ISO/IEC 17789 标准。

（执笔人：周晨、孙保珍、戴建武）

第四章　智慧图书馆标准体系建设调研

　　根据《标准体系构建原则和要求》（GB/T 13016—2018），调查研究和分析整理是构建标准体系的方法和流程要求，其中一个重要内容就是对标准体系建设需求的研究和分析[①]。只有更好地了解智慧图书馆标准体系建设需求，才能为构建科学合理、内容全面、重点突出、适用可行的智慧图书馆标准体系提供支持，使其能够在智慧图书馆建设中发挥更大作用。为此，本研究专门开展了专家访谈和问卷调查。

第一节　需求调研与分析

　　为了更加全面地了解图书馆界对智慧图书馆标准体系建设的需求，本章在文献调研的基础上开展了问卷调查（调查问卷详见附录1和附录2），并在此基础上通过分析研究，总结提炼出智慧图书馆标准体系建设的主要需求。

---

　　① 中华人民共和国国家质量监督检验检疫总局,中国国家标准化管理委员会.标准体系构建原则和要求:GB/T 13016—2018[S].北京:中国标准出版社,2018:3.

一、调查设计

（一）调查对象选择

问卷调查选取了业界专家和各类图书馆两类调查对象。

专家方面，邀请了在智慧图书馆和图书馆标准化研究方面均有所建树的9位专家。考虑到来自学界的专家与来自图书馆实践领域的专家观点可能会有差异，为使调查对象有更广泛的代表性，本研究所选取的9位专家中有4位是来自学界的代表，有5位是来自各级各类图书馆的代表，其中公共图书馆代表1人、高校图书馆代表3人、科研院所图书馆代表1人。为便于论述，本章分别将9位专家从A到I进行顺序编号。

图书馆方面，为确保图书馆调查对象的广泛代表性，本次调查共选取了67家图书馆，其中公共图书馆52家（副省级以上公共图书馆47家，其他层级公共图书馆5家）、高校图书馆10家、科研院所图书馆5家。

（二）调查问卷设计

针对两类不同调查对象，本章设计的两份问卷形式和内容同中有异，既能相互补充，又能相互印证。其中，面向专家的问卷调查先行开展，均为主观题，希望通过深度访谈的形式得到专家全面深入的反馈，从更深层次上细致了解专家对智慧图书馆标准体系建设的建议，并对本研究所预设标准体系框架进行纠偏；面向各类图书馆的问卷以客观题为主，主要是希望从更广的范围更加量化地分析了解实践领域对智慧图书馆标准体系建设的需求，并对专家访谈中提到的部分观点及本研究所预设标准体系进行实践层面的认可度验证。面向业界专家的调查问卷和面向各类图书馆调查的问卷的问题具有一定的对应关系，见表4-1。

表 4-1　智慧图书馆标准体系建设调查问卷问题对应示意表

面向业界专家	面向各类图书馆
	1. 您认为是否有必要制定智慧图书馆标准规范？（　　　） A. 非常有必要　　　B. 有必要 C. 不太必要　　　D. 没必要 E. 不清楚
1. 项目组经过前期的研究与探讨，将智慧图书馆标准体系划分为基础标准、技术标准、资源标准、服务标准、空间标准、管理标准六个大类，具体见附件"智慧图书馆标准体系框架"。您认为这个框架设计是否合理，有何修改建议？如认为这一框架较为合理，请在此基础上给出您的修改建议，并对这六部分标准应包含的具体内容提出意见建议；如认为这一框架不够合理，请对智慧图书馆标准框架及每一部分应包含的具体内容提出意见建议	3. 除了上述标准，您认为还有哪些智慧图书馆领域的标准迫切需要研制？请列举，并说明标准需要包含的主要内容
2. 请简单介绍一下您了解到的国内外主要智慧图书馆项目及贵单位开展的相关建设项目，以及在这些项目建设中应用了哪些标准	
3. 您认为智慧图书馆标准体系建设的重点领域应包括哪些？并请阐述您的理由	2. 研究团队在调研已有实践和研究成果的基础上，提出了包含基础标准、技术标准、资源标准、服务标准、空间标准、管理标准六个部分的智慧图书馆标准体系框架（见下表）。表中各类标准中，您认为应重点研制和优先研制哪些标准？请在下表相应方框内打"√"
4. 请结合您对智慧图书馆及智慧图书馆标准规范有关情况的了解，谈谈需要优先制定哪些方面的标准，列举一些亟须制定的智慧图书馆标准规范名称，并阐述您的理由	
5. 您认为在智慧图书馆建设中应如何更加有效地推进标准的贯彻实施	4. 贵单位在之前标准的制定或实施过程中，遇到过哪些困难或挑战

具体来说，在问卷设计上有如下考虑：

（1）关于调查对象对智慧图书馆标准研制必要性的认识，考虑到调查问卷选取的专家大多已在其学术成果中肯定了智慧图书馆标准研制的重要性，因此关于必要性的调查主要面向各类图书馆，希望从图书馆实践工作角度了解对标准化工作的需求是否迫切。

（2）本章在前文分析图书馆标准体系、数字图书馆标准体系的基础上，借鉴人工智能、知识图谱、智慧城市标准体系，参考智慧图书馆标准研究和建设情况，提出了一个初步的智慧图书馆标准体系框架（见图4-1），以此为基础，针对这一标准体系的合理性征询了专家意见。

从专家反馈情况来看，专家基本认可这一标准体系。因此，面向各类图书馆的调查问卷以这一体系为基础，重点调研智慧图书馆建设应包含的具体标准内容，以考量现有体系是否足以容纳这些标准需求，从而侧面验证所提出标准体系的合理性。

（3）为了更加有的放矢地开展标准研制工作，设置了智慧图书馆标准体系建设需要重点研制的标准和优先研制的标准一题。为了保证问卷结果相对集中，列举了一些本研究在前期调研后认为较为重要的或者需优先研制的标准供调查对象参考选择，并通过开放性问题，请各馆根据实际情况，对表格中未能列举的标准进行补充。

（4）关于智慧图书馆标准宣贯问题，面向专家的调查问卷着眼于未来工作建议，以充分发挥专家在研究方面的优长，为本研究的标准体系建设路径和实施策略提供思路；面向各类图书馆的调查问卷则是从过去标准化工作遇到的困难和问题出发，希望能够为后续优化标准化工作机制提供借鉴，同时也可以与专家所提思路互相印证与补充。

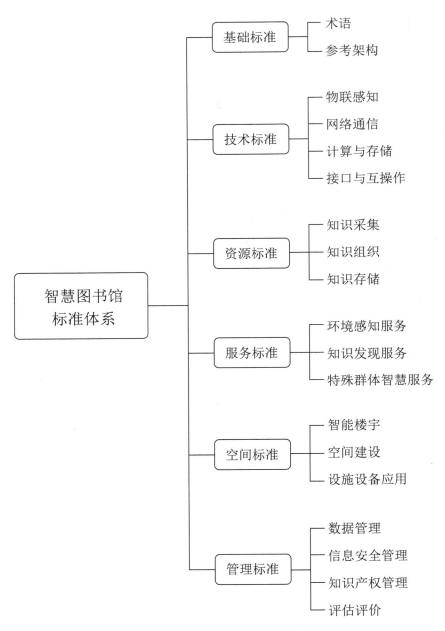

图 4-1　智慧图书馆标准体系框架

二、调查过程及问卷回收情况

本次调查共发放专家问卷 9 份，回收 9 份，回收率 100%，均为有效问卷；面向各类图书馆发放 67 份问卷，回收 35 份，回收率约 52%，均为有效问卷。

对回收的有效问卷中主观题所反馈的文本信息进行了预处理，例如将专家所称包括文献资源数据、用户使用数据、管理和运行数据等数据相关术语统一转换为"数据"，以与其他专家使用的术语保持一致，便于后续统计分析。

三、问卷调查结果分析

本章对调查问卷进行了整理，在此基础上分析智慧图书馆标准体系建设需求，以期为构建智慧图书馆标准体系提供参考。

（一）智慧图书馆标准研制必要性

各馆认为研制智慧图书馆相关标准"有必要"或"非常有必要"。其中，认为"非常有必要"的占 82.86%，认为"有必要"的占 17.14%（见表 4-2）。可见，智慧图书馆标准研制工作的必要性在学界和业界已有共识。

表 4-2　智慧图书馆标准研制的必要性调查结果表

必要性	频次	占比
非常有必要	29	82.86%
有必要	6	17.14%
不太必要	0	0
没必要	0	0
不清楚	0	0
合计	35	100%

（二）智慧图书馆标准体系的合理性

对调查问卷中预设的标准体系，专家均肯定了其合理性，并提出了一些扩展意见和细化建议。

在标准子体系设置方面，一些专家和图书馆建议增加数据标准、业务标准、产品标准、协同标准和道德伦理标准子体系。其中增加数据规范子体系主要是基于数据是未来智慧图书馆的馆藏单位，所有其他"资源"都可以认为是以数据形态存在的。增加业务标准主要是基于为图书馆内部工作提供规范指引。增加产品标准子体系主要是基于智慧图书馆建设会涉及许多产品和设备。考虑到馆际互通对于智慧图书馆建设来说是非常重要的发展方向，建议增加协同标准子体系。此外，从个人信息保护角度出发，建议增加道德伦理标准子体系。

在具体标准的内容方面，专家 G 建议增加如隐私标准和安全标准等对其他部分标准制定有约束作用的标准。关于技术标准，专家 G 建议首要解决行业整体性与图书馆自身的整体性问题，即提出智慧图书馆的整体技术架构，在此基础上规范不同层次的技术接入；专家 I 提出要从基础设施层、资源管理层及应用服务层三个维度探究智慧图书馆资源、系统平台的互操作标准。此外，多位专家提及技术标准的协同问题。专家 C 认为各类标准都要处理好与技术标准的关系；专家 H 提出与资源环节的数据标准和技术环节的标准联通是服务智慧化的关键。关于资源标准，专家 B 建议从数字图书馆时代关注数字环境下资源描述与组织，发展到智慧图书馆时代关注智慧语境下语义化描述与知识挖掘；专家 G 建议对智慧图书馆资源做全新的定义，对智慧图书馆资源体系进行全面重构，对各类资源的封装和利用方式做出规范，解决各种分布式异构资源如何接入的问题；专家 H 提出了统一文献资源、设备资源、空间资源和馆员智力资源等各类资源的"大资源"理念；专家 I 提出在现有的采集标准、组织标准和存储标准基础上，还应增加处理标准、应用标准等。关于空间标准，专家 B 提出对图书馆而言，空间标准要适应图书馆使用场景特点，与图书馆服务及业务工作适配融合；专家 G 提出要跳出物理空间的局限，扩展到包括"虚拟空间"的建设规范。关于服务标准，专家 G 提出要对支撑智慧图书馆服务的后台业务逻辑和用户交互逻辑进行分析梳理，制定构成或支撑这些服务的"微服务"标准，以及完善"微服务库"的标准。关于管理标准，专家 G 提出应该定位为"运营标准"；专家 H 认为管理领域的智慧标准建设是图书馆高速运转的必然条件，要建立智慧图书馆分级式管理标准，全系统化的管理流程规范，应重点研制管理流程、职责与权限、业务与绩效考评等方面标准；专家 I 指出应增加人员的管理标准，包括人员准入标准、培训标准、各岗位业务能力标准等。

在标准化工作策略方面，专家 H 建议从图书馆本身条件和满足用户需求出发，采取分级的标准建设策略。

（三）国内智慧图书馆建设及相关标准规范

专家普遍认为，各馆围绕智慧化基础设施及智慧化关键技术应用、新型数字资源建设、资源智慧化升级、空间智慧化改造、智慧化管理、智慧图书馆人才储备及培训等开展了丰富探索，但标准建设成果较少。专家列举的部分智慧图书馆项目成果包括：国家图书馆"全国智慧图书馆体系"建设项目将标准规范建设作为三大支撑保障体系之一；深圳市盐田区图书馆将智慧化建设经验融入标准规范建设，出台了《无人值守智慧书房设计规范》《公共图书馆智慧技术应用与服务规范》两项行业标准；"中新天津生态城智慧图书馆指标体系"包含 5 项一级指标、26 项二级指标。

（四）重点研制的标准

本章对各馆通过调查问卷反馈认为需要重点研制的标准进行了统计，根据选择该项标准的频次高低排序，排名前 5（含并列）的标准为知识发现服务标准、知识采集标准、知识组织标准、特殊群体智慧服务标准、知识产权管理标准与评估评价标准（见表 4-3）。

表 4-3　图书馆建议需要重点研制的智慧图书馆标准

排名	具体标准	频次
1	知识发现服务标准	26
2	知识采集标准	23
2	知识组织标准	23
4	特殊群体智慧服务标准	22
5	知识产权管理标准	21
5	评估评价标准	21
7	网络通信标准	20
7	知识存储标准	20

续表

排名	具体标准	频次
7	环境感知服务标准	20
7	数据管理标准	20
11	物联感知标准	18
12	接口与互操作标准	17
12	空间建设标准	17
12	信息安全管理标准	17
15	设施设备应用标准	16
16	计算与存储标准	14
17	智能楼宇标准	13
18	参考架构标准	12
19	术语标准	11

专家提及的需重点研制的标准见表4-4。

表4-4　专家提及需重点研制的标准

标准类目	需重点研制的标准
基础标准	术语标准
技术标准	基础技术标准；接口与互操作标准；下一代平台建设相关标准
资源标准	资源组织描述标准；数据操作与长期保存标准；知识采集和存储标准
服务标准	智慧服务标准
空间标准	空间建设标准；智慧空间与设备（如智能书库、智能书架等）标准
管理标准	数据管理标准；评价标准；用户隐私保护标准

将面向专家的问卷与面向各馆的问卷的反馈情况进行对照，发现知识采

集标准、知识组织标准和评估评价标准是专家和图书馆都认为十分重要的标准。知识发现服务标准及特殊群体智慧服务标准作为智慧服务标准的重要内容，被图书馆认为是服务领域应当重点研制的标准。知识产权标准作为数据管理标准的内容，也受到图书馆界关注。

（五）优先研制的标准

优先标准，是指智慧图书馆标准体系建设当前阶段迫切需要研制的标准。从专家问卷反馈情况来看，关于优先研制标准的建议比较分散。如，空间标准方面，专家 H 提出智能建筑、智能服务的设备是智慧图书馆的重要组成部分，图书馆可以主动制定一些标准规范引导和约束市场行为。服务标准方面，专家 D 提出优先研究和制定的应当是一系列智慧图书馆典型应用参考模型，如环境情景感知、数据信息分析和自动决策指引方面的标准。需优先定义图书馆智慧化典型应用的框架、功能。技术标准方面，几位专家分别提到了接口与互操作标准、业务平台相关标准、技术互操作标准、智能分拣还书系统设计标准。前三者属于技术领域的基础性标准，具有较强的普适性，是各馆在智慧图书馆建设中都会面临的问题。智能分拣还书系统是目前一些图书馆正在实践的项目，因此这方面的标准制定具有一定的紧迫性。多位专家提及应优先研制知识组织标准和数据管理规范。

本章对各馆通过调查问卷反馈认为需要优先研制的标准进行了统计，根据选择该项标准的频次高低排序，排名前 5（含并列）的标准为参考架构标准、接口与互操作标准、术语标准、数据管理标准、信息安全管理标准，见表 4-5。

表 4-5　图书馆认为需要优先研制的智慧图书馆标准

排名	标准名称	频次
1	参考架构标准	25
2	接口与互操作标准	24
3	术语标准	23
4	数据管理标准	20
5	信息安全管理标准	19
6	计算与存储标准	18
7	知识采集标准	16
7	知识组织标准	16
7	知识产权管理标准	16
10	知识发现服务标准	15
11	物联感知标准	14
11	空间建设标准	14
11	评估评价标准	14
14	网络通信标准	13
15	知识存储标准	12
15	智能楼宇标准	12
17	设施设备应用标准	10
18	特殊群体智慧服务标准	8
19	环境感知服务标准	7

此外，面向各馆的问卷中，还设置了"除了上述标准，您认为还有哪些智慧图书馆领域的标准迫切需要研制？"这一开放性问题，共有 11 个图书馆反馈了亟须研制的补充标准，包括开放标准、智慧图书馆管理平台建设标准、知识资源服务情况统计标准、虚拟空间标准、机器学习与人机交互相关

建设标准、道德伦理标准、智能仓储设备与智能仓库管理系统标准等。

（六）关于标准的宣传贯彻

对于一个标准的完整生命周期而言，标准的制定只是其中一个环节，更为重要的是通过标准的实施，切实发挥标准规范、引导事业发展并提升管理水平的作用。为进一步完善图书馆标准化工作机制，本研究特别通过问卷调查了图书馆在标准制定与实施过程中遇到的困难和挑战，详见表4-6。

表4-6　图书馆标准规范制定与实施过程中到的困难和挑战

一级类别	二级类别	频次	有效占比
标准制定	标准化工作制度与机制设计缺乏	4	26.67%
	相关标准缺少	4	26.67%
	标准内容不够清晰	1	6.67%
	标准与实际情况有差距	3	20.00%
	标准有待更新	3	20.00%
	标准不够统一	2	13.33%
标准实施	资金缺乏	1	6.67%
	人才缺乏	3	20.00%
	经验缺乏	1	6.67%
	理解不到位	1	6.67%

在标准制定方面，有4家图书馆认为应加强图书馆标准化工作的相关制度与机制设计，解决当前标准实施无制度约束、相关政策文件变化较频繁、缺少与图书馆同行和相关产业间的协调等问题；有4家图书馆提出虽然近年来图书馆标准化工作有很大进展，但对于实际工作而言，标准数量不足，一些工作领域仍缺乏相关标准，如政府公开信息相关标准、数据管理相关标

准、大数据等技术应用标准、智慧空间规划标准等，应尽快研制出台；有 3 家图书馆提出标准与实际情况有一定出入，部分标准实施与执行难度较高、标准不够灵活、标准适用情况与各馆客观情况存在差异等，导致无法完全按照标准要求执行；有 3 家图书馆提到当前标准更新频率低，难以适应外部环境的快速变化；有 1 家图书馆认为当前部分标准内容不够清晰，导致实际应用有难度等。此外，还有 2 家图书馆提出既有部分标准间要求不统一，特别是受限于资源类型及格式等多种客观因素，资源类标准统一难度较大。

在标准实施层面，调查发现各馆也面临一些困难和挑战，其中 3 家图书馆提出标准化人才的缺乏在一定程度上阻碍了本馆标准化工作的开展，特别是缺少数字化标准方面的复合型人才或专业技术人才；另外，各有 1 家图书馆认为缺少开展标准化工作的相关经费和相关经验，对标准理解不到位也阻碍了图书馆标准化工作的开展。

第二节　智慧图书馆标准体系构建及实施策略的专家建议

除了上节的基本分析外，本研究还从对专家的访谈和部分图书馆的开放式问题回答中获得了关于智慧图书馆标准体系构建及实施策略的诸多建议。

一、将智慧图书馆标准体系构建置于数字社会建设大背景之下

智慧图书馆不是孤立的，是智慧城市、智慧社区、智慧学校的有机组成

部分，是未来数字社会的重要一环。因此，智慧图书馆应建构在数字社会的体系内，并建构起全新的图书馆智慧化管理系统、智能设备应用、知识资源供给和服务的业态。专家 G 认为智慧图书馆建设不是单个图书馆的事情，甚至不只是图书馆行业的事情。专家 H 认为以图书馆自身来实现智慧化有些势单力薄，可以考虑将智慧图书馆与社会大环境融合，对接国家发展和社会需要的一些外部标准。多位专家提出，建设智慧图书馆标准体系，需要在更大的数字化社会背景下进行，参考借鉴从"数字城市"到"智慧城市"的相关研究成果，特别是应当关注移动互联网、云计算、大数据、人工智能、物联网、区块链等技术领域的标准成果，其中很大一部分应当可以在智慧图书馆建设中直接采用。

二、智慧图书馆标准体系应突出"智慧"属性

在构建智慧图书馆标准体系时，专家普遍认为，要充分考虑智慧图书馆的个性，明确图书馆"智慧"的设计逻辑、实现路径和内在关联，体现业务工作的智慧化、读者服务的智慧化和运行管理的智慧化。专家 A 认为智慧图书馆标准应该都尽可能与"智慧"相关，不应把其他传统标准纳入智慧图书馆标准体系。专家 H 认为，未来智慧图书馆的所有馆藏都可以认为是以数据形态存在的，应将数据标准放在重要的位置，数据间的可操作性实质上决定了图书馆的"智慧程度"；在进行资源标准研制时，要与数字图书馆资源描述组织标准区别，体现"智慧"内涵。此外，部分专家认为"智慧"首先体现在服务上，如主动感知、用户交互等，这需要先厘清图书馆智慧典型应用以及如何服务，优先制定服务类标准，如智能书库、智能书架、智能分拣还书、智能盘点机器人、智慧空间、馆内智慧导航、智能监控、智慧咨询服务

等方面的具体标准。

三、智慧图书馆标准体系应兼具完整性和可扩展性

"图书馆是一个生长着的有机体。"但无论图书馆事业如何发展变化，其本质都是一个收集、保存、处理、传播信息与知识的机构。从这一观点出发，智慧图书馆的标准体系建设既不应当也无法与过去和现在图书馆不同发展阶段的标准体系完全割裂。专家 A 提出，要允许一些标准规范同时属于多个类别。多位专家提出，在标准研制方法上，可综合采用复用、修订、制定等多种方式。对于图书馆已有标准，如仅需补充部分内容即可满足智慧图书馆标准体系建设的需要，则应优先采取修订策略。同时，多位专家提出标准体系应具有较大的可扩展性，随着智慧图书馆建设的不断发展，随着我们对智慧图书馆的理解和认知不断加深，应不断对原有标准体系进行修改和完善，以适应技术应用和业务发展。考虑到标准的适用性，有图书馆提出管理标准中的评价标准，可针对图书馆的性质（公共、高校图书馆）、级别（省级、市级、县级）、所在区域（中部、东部、西部）等制定相应的评价标准，形成必备要求、推荐要求等档次。

四、做好标准宣贯工作的两个着力点

综合专家问卷对标准化工作宣传推广提出的建议，结合图书馆问卷所反映出的以往标准化工作遇到的困难和挑战，要想充分发挥标准规范发展、促进发展的作用，应从两方面着手加强标准宣贯工作。

一方面，标准制定是标准化工作的基础，也是标准得以有效宣传推广和应用实施的前提。要制定行业需要且具有可落地性的标准，标准还应该具有可推广性、强适应性，普遍适用于公共图书馆、高校图书馆等不同类型图书馆，能够真正引导图书馆规范开展智慧图书馆建设工作；标准实施过程中，要适应国家政策要求与行业发展变化，及时更新、补充新内容、新要求；重视多维度标准的制定，形成科学完备的智慧图书馆标准体系，不仅要有基础性标准，还应有针对不同服务方式和特定服务对象的标准，全面匹配图书馆管理和服务的需求。部分专家还强调应进一步深化智慧图书馆标准领域国际合作，提升我国图书馆界在该领域的国际话语权。

另一方面，标准要想取得良好的实施效果，离不开后续的宣传与推广。要通过宣传推广，提高馆员的标准意识，使更多的图书馆应用标准、使用标准，形成从标准研制到应用的完整闭环。一些专家和图书馆还提出了具体举措建议，如通过召开座谈会、专题研讨会等形式广泛开展宣传推广和馆员业务标准培训；对第三方机构提供的智慧产品、服务等进行认证；选择有代表性的智慧图书馆建设项目，示范应用智慧图书馆标准，发挥标杆项目的带动作用。

总体上看，专家访谈和图书馆问卷调查结果基本契合本研究预先提出的智慧图书馆标准体系，同时也对本研究在第五章进一步修正该标准体系、第六章研究提出标准体系建设路径和实施对策提供了参考借鉴。

（执笔人：杨凡、武翰、肖璟波、苏丽璇、赵志鹏）

第五章 智慧图书馆标准体系框架构建

本章在前述相关标准体系调研的基础上，结合智慧图书馆建设实际，提出智慧图书馆标准体系建设原则以及智慧图书馆标准体系框架，阐述各子体系建设内容及其构建策略。

第一节 智慧图书馆标准体系建设指导思想和基本原则

我国智慧图书馆标准体系建设应结合图书馆事业发展以及标准化工作规律，严格遵守《中华人民共和国标准化法》《中华人民共和国标准化法实施条例》《国家标准管理办法》《行业标准管理办法》等法律法规和各项规章制度要求。同时，遵循《标准体系构建原则和要求》（GB/T 13016—2018）中提出的目标明确、全面成套、层次适当、划分清楚等四项基本原则①。

当前，我国智慧图书馆事业正处在高速发展过程中，建设一套较为科学完备的智慧图书馆标准体系有利于更好地指导实践。本书构建标准体系时遵

---

① 中华人民共和国国家质量监督检验检疫总局,中国国家标准化管理委员会.标准体系构建原则和要求:GB/T 13016—2018[S].北京:中国标准出版社,2018:2.

循如下指导思想和基本原则：

一、指导思想

（一）边建设边研究，理论与实践相结合

当前，关于智慧图书馆的理论研究尚未成熟，智慧图书馆的建设实践也还在不断探索与发展的过程中。本研究所提出的智慧图书馆标准体系是基于当前的研究与实践基础提出的，必然受限于当前的认识水平和实践经验，需要随着对智慧图书馆研究的不断深入和智慧图书馆实践的不断发展而进行必要的调整与完善。

（二）顶层设计，融合创新

智慧图书馆标准体系是对智慧图书馆建设所需标准及其内在结构的顶层设计，是支撑和引导智慧图书馆科学发展并确保智慧图书馆与智慧社会各领域互联互通的前提条件，应坚持标准先行，力求保障标准体系的完整性和可扩展性。同时，在标准体系构建过程中既要充分考虑与现有标准的协调，又要充分考虑与相关新技术领域标准的融合，使智慧图书馆在这一标准体系的引导下实现与图书馆既有业务、与相关智慧化应用场景的融合。

（三）开放共享，标准统一

智慧图书馆建设的根本目的是提供更为智慧的信息与知识服务，从广义

范围看，智慧图书馆是智慧城市、智慧公共服务体系、互联网信息服务网络的组成部分，与智慧教育、智慧科研等领域也有较为密切的关联关系。所以，在智慧图书馆标准体系建设过程中，除了要考虑图书馆领域自身的需求，还应考虑与相关智慧平台的开放互联与互操作，在基础及通用标准方面保持统一。

二、基本原则

（一）系统性原则

标准体系建设要围绕智慧图书馆建设内容与需求，从顶层设计的角度，构建内容完整的标准体系框架，涵盖智慧图书馆建设的主要业务、服务、管理领域。同时，按照标准内容之间的逻辑关系做好各类标准的范畴界定，清晰、有序地划分若干个相互关联但又各自独立的子体系，避免重复、矛盾。

（二）可扩展性原则

标准体系应充分考虑智慧图书馆未来发展趋势，预留可扩展空间，使之能够适应技术和事业的发展变化。随着对智慧图书馆的理解和认知不断加深，以及智慧图书馆建设实践的不断发展，也要不断思考是否有更加优化的、更加体现智慧图书馆特点、更能推动智慧图书馆建设工作开展的标准，并不断对原有标准体系进行修改和完善。

（三）协调性原则

构建智慧图书馆标准体系，在确保全面、完整、系统的同时，也要注意与不同层级、不同领域已有相关标准的衔接协调。在图书馆领域尤其是数字图书馆领域，已有一系列比较成熟的国际标准、国家标准、行业标准、项目标准等，其中有些标准依然可作为智慧图书馆标准的基础，或直接纳入智慧图书馆标准体系，或对其进行智慧图书馆元素的修订与更新。物联网、大数据、云计算、人工智能、信息安全等技术领域也已制定颁布了一批较为成熟的标准，智慧图书馆标准需要与这些标准保持协同，从而使这些技术能够适应图书馆使用场景特点，与图书馆建设、服务与管理适配融合。

（四）实用性原则

智慧图书馆标准体系要立足智慧图书馆建设的现实需求，具有可操作性，能够切实为各图书馆开展知识资源建设、提供智慧化服务以及进行智慧化管理实践提供标准依据；充分考虑地区之间的发展特点和现实差异，因地制宜、因时制宜地建立科学合理的标准体系，带动整个图书馆行业智慧化转型，促进先进技术与经验的传播复用，从而缩小图书馆智慧化发展的地区差距。

第二节　智慧图书馆标准体系结构

智能技术在图书馆领域的应用会随着智慧图书馆建设的深入，渗透到图书馆工作的方方面面。也就是说，目前构成图书馆标准体系的建设标准、资源标准、服务标准、管理标准、技术标准，都应当体现对智能技术应用的规范。对这些标准的修订将需要一个较长的时期，而智慧图书馆的建设是一个循序渐进且持续优化和迭代的过程，其标准制定也必将是一个需求引导下的长期过程。在智慧图书馆建设的初始阶段，智能技术的应用需求及应用领域会相对较为集中。因此，本研究认为，为规范和引导智慧图书馆的科学发展，可借鉴数字图书馆标准建设的经验，在图书馆基础标准体系框架下，结合智慧图书馆建设的重点业务和技术需求，以及智慧图书馆建设当前阶段的重点关注领域，专门研究形成智慧图书馆建设专用标准体系。同时，在体系建设之初就应做好智慧图书馆标准体系与图书馆基础标准体系融合的顶层设计，使智慧图书馆标准能够很好地融入图书馆基础标准体系。

一、智慧图书馆标准体系要素分析

根据标准原理、智慧图书馆概念界定和业务实际需求，可以从标准化对象、标准层次、标准适用范围、标准类型四个方面对智慧图书馆标准体系的构成要素进行分析。

（一）智慧图书馆标准化对象

标准化对象广义上包括"产品、过程或服务"[①]。智慧图书馆的标准化对象是以智慧图书馆建设为中心形成的产品过程或服务，相关标准应当能够代表一定时期内智慧图书馆的技术应用能力、管理能力、服务能力所能够达到的成熟水平，反映智慧图书馆建设者所共同遵循的技术规则与业务规则。产品作为标准化对象之一，主要包括智慧图书馆建设过程中所产出的软硬件设备设施的功能规格、材料、元件、使用方法等；作为标准化对象的过程涉及广泛，主要包括智慧图书馆建设活动的各个阶段和各个环节所涉及的功能、方法、流程等；作为标准化对象的服务既包括智慧图书馆各系统平台之间的接口、协议等，也包括智慧图书馆面向终端用户提供服务的方法、功能与效果方面的特定要求。

（二）智慧图书馆标准化层次

智慧图书馆标准包含通用标准和专用标准。通用标准是指对智慧图书馆共性业务进行归纳、提炼进而实现标准化的统一原则和方法，例如适用于各种类型智慧图书馆的评估标准、统计标准、管理标准、基本术语等，适用于智慧图书馆平台建设的数据安全机制、版权管理机制，某类技术在智慧图书馆普遍应用的指南等。专用标准是指针对智慧图书馆的某一特性或特定业务而制定的专门标准，例如知识资源采集与组织加工标准，适用于智慧图书馆

---

① 中华人民共和国国家质量监督检验检疫总局,中国国家标准化管理委员会.标准化工作指南 第1部分:标准化和相关活动的通用术语:GB/T 20000.1—2014[S].北京:中国标准出版社,2014:1.

馆藏管理的智慧书库标准，适用于某类服务对象或某种特定服务方式的智慧化服务标准，适用于某类智慧空间的建设标准等。

（三）智慧图书馆标准适用范围

根据目前我国标准化工作的相关要求，智慧图书馆标准应涵盖国际标准、国家标准、行业标准、地方标准、团体标准和企业标准等，每类标准有其特定的工作程序。根据智慧图书馆建设发展需要及相应标准的适用范围，可考虑首先推动在一些有影响的智慧图书馆建设项目内形成项目标准，完善后，可在项目标准基础上，推动全国图书馆行业或与智慧图书馆建设密切相关的行业制定符合统一技术要求的标准规范，形成国家标准或行业标准。对于在世界范围内有借鉴意义的标准，可积极推动建立国际标准。对于与国际接轨的业务内容，可视情况等同采用或修改采用国际标准，并积极参与国际标准的制定修订工作。对暂时缺乏国家标准、行业标准而又需要在地域范围内统一的技术要求，可以推动制定地方标准。图书馆学 / 协会等社会团体可协调行业内相关主体共同制定满足市场和创新需要的智慧图书馆团体标准。涉及智慧图书馆所用企业产品的具体要求，企业可自主制定企业标准。

（四）智慧图书馆标准类型

从标准化工作的目标出发，智慧图书馆标准可以以多种类型展现，例如术语标准、分类标准、规范标准、规程标准、指南标准、产品标准等。术语标准用于界定智慧图书馆使用的概念的指称及其定义；分类标准用于对智慧图书馆资源、服务、技术等各个方面进行科学的、规律性的排列或者划分；

规范标准主要用于规定智慧图书馆各项业务活动需要满足的条件要求，以及是否满足条件要求的证实方法；规程标准主要针对智慧图书馆全生命周期以及相关业务的具体过程，推荐和固定良好惯例或者活动程序；指南标准是针对智慧图书馆的特定业务或关键环节给出的一般性、原则性、方向性的信息、指导或建议；产品标准是指对智慧图书馆应用或生产的各类型软硬件产品和服务产品的具体要求。这些标准相互之间并不排斥，同一项标准根据标准内容和实施效果可以同时具备两种或两种以上的类型属性。

二、智慧图书馆标准体系结构框架

智慧图书馆标准体系的建设实践应充分考虑我国社会基础、职业基础、政策基础和方法论基础[①]，同时还应充分反映智慧图书馆的独有特征。

（一）智慧图书馆标准体系框架构建要求

智慧图书馆是一种面向未来的图书馆发展新理念，至少应包含四个方面特征：图书馆业务全流程智慧化管理、知识资源全网立体集成、知识服务生态链条全域连通、学习阅读空间线上线下虚实交互[②]。段美珍等学者采用内容分析法，从 54 个智慧图书馆概念中提炼出了 17 个关键词概念分析类目，反

---

① 周文杰.图书馆标准体系构建的理论依据、参照指标与建设基础[J].图书与情报,2016（2）:40-46.
② 饶权.全国智慧图书馆体系:开启图书馆智慧化转型新篇章[J].中国图书馆学报,2021,47（1）:4-14.

映了在智慧图书馆理论研究中对智慧图书馆特征的认识倾向[1]。在智慧图书馆标准体系建设中，需要充分考虑智慧图书馆的特征要素。按照"全国智慧图书馆体系"建设规划，智慧图书馆标准体系属于智慧图书馆体系的支撑保障体系之一，应围绕智慧图书馆业务、数据、服务、技术和产品的建设、维护与管理而构建，为图书馆的智慧化转型以及覆盖、联通全国的智慧图书馆体系建设提供标准支撑[2]。

（二）智慧图书馆标准体系结构

标准体系的结构关系一般包括上下层之间的层次关系，按一定的逻辑顺序排列起来的序列关系，由以上几种结构相结合形成组合关系[3]。其中序列结构指围绕产品、服务、过程的生命周期各阶段的具体技术要求，或空间序列等，编制出的标准体系结构，可分为系统生命周期序列、企业价值链序列、工业产品生产序列、信息服务序列、项目管理序列等[4]。本研究在开展问卷调查之初，提出了预设的智慧图书馆标准体系框架，主要围绕本研究所认识的智慧图书馆业务的生命周期序列来划分子体系及具体标准。在专家访谈中，有专家提出增设"数据"子体系，也有专家提议用数据标准代替资源标准。本研究充分吸纳了专家意见，同时考虑到数据资源体系对于智慧图书馆建设与服务的重要性，将预设的"资源"标准子体系修改为"数据"标准子体系，在此基础上，提出一个由基础标准、技术标准、数据标准、服务标

---

①　段美珍,初景利,张冬荣,等.智慧图书馆的内涵特点及其认知模型研究[J].图书情报工作,2021(12):57-64.

②　饶权.全国智慧图书馆体系:开启图书馆智慧化转型新篇章[J].中国图书馆学报,2021,47(1):4-14.

③④　中华人民共和国国家质量监督检验检疫总局,中国国家标准化管理委员会.标准体系构建原则和要求:GB/T 13016—2018[S].北京:中国标准出版社,2018:5.

准、空间标准和管理标准等六个子体系构成的智慧图书馆标准体系，每个子
体系结合对业界和学界调查征集的需求，以及智慧图书馆建设实践需要，列
举了部分当前所应重点关注的部分标准。根据《标准体系构建原则和要求》
（GB/T 13016—2018）中提出的用标准体系结构图表达标准体系的范围、边
界、内部结构及意图的要求，本研究也以标准体系结构图的方式呈现智慧图
书馆标准体系（见图5-1）。需要说明的是，对每一子体系的具体标准并不
是完整列举，只是为便于理解标准体系而做的部分示例，在标准化工作实践
中，可根据现实需要，进一步丰富和完善该体系框架的六个方面所包含的具
体标准。

图5-1 智慧图书馆标准体系示意图

　　智慧图书馆标准体系是由多个子系统组成的整体，各个子系统间存在相

互影响的关系。其中，基础标准子体系界定了智慧图书馆建设各个方面的基础性与通用性要求，对应智慧图书馆建设各个阶段、各个环节的共性需求，处于标准体系结构图的最底层，是研究和制定其他标准的基础。技术标准和数据标准子体系以智慧图书馆建设发展为主线组织各类技术和数据，处于标准体系结构图的中间层，向下承接和延伸基础标准子体系，向上支持和保障服务标准和空间标准子体系，具有承上启下的枢纽作用。服务标准和空间标准子体系处于标准体系结构图的上层，在基础标准、技术标准和数据标准子体系的支撑下，保障智慧图书馆的线上线下服务。管理标准子体系贯穿智慧图书馆标准体系，对各环节业务与服务的规范管理均发挥作用。

第三节　智慧图书馆标准体系建设内容

本节将根据本章第二节对智慧图书馆标准体系子体系的划分及分析，详细阐述各子体系的建设内容。

一、智慧图书馆基础标准子体系

智慧图书馆基础标准是指智慧图书馆的总体性、框架性、基础性、保障性标准，为其他标准的制定提供关于智慧图书馆建设的共识与规范，主要包括术语标准、参考模型与总体架构等标准。与第二章介绍的知识图谱标准体系、智慧城市标准体系不同，本标准体系未将智慧评估评价标准列入基础标准范畴，而是参照图书馆标准体系专门设立了管理标准子体系，将评估评价标准纳入管理标准子体系。一个考虑是使智慧图书馆建设中所形成的相关管理标准能够更好地与图书馆标准体系融合，另一个考虑是智慧图书馆评价体系建设是全国智慧图书馆体系建设的三个重要支撑保障体系之一，在智慧图书馆的管理过程中建立科学的评价体系可更好地支持智慧图书馆的后续可持续发展，发挥评价结果对智慧图书馆建设的指挥棒作用。

（一）术语标准

术语标准用于规范智慧图书馆相关概念术语定义，包括在智慧图书馆建设过程中通用的信息技术术语，专用业务、服务和管理术语等。其中通用信息技术术语可以直接引用人工智能、物联网、大数据等领域相关国家标准和行业标准，或根据相关技术在智慧图书馆建设中的应用特点加以改写。智慧图书馆术语标准的工作重点是智慧图书馆建设各环节中关于智慧资源建设、智慧服务提供、智慧空间建设、智慧管理等方面所涉及的各个术语概念不定义，明确其内涵和外延，为业界提供关于智慧图书馆及其业务的统一理解与认识。

（二）参考模型与总体架构标准

参考模型与总体架构标准用于规范智慧图书馆系统的整体架构，以及各部分间的逻辑关系和相互作用，为开展智慧图书馆实践和相关标准研制工作提供定位和方向指引。具体而言，包括顶层设计标准、业务流程标准、基础设施架构标准、数据架构标准、系统架构标准等，为其他子体系标准的研制提供关于智慧图书馆系统、业务、数据等的总体架构导引。

二、智慧图书馆技术标准子体系

智慧图书馆依托信息技术实现智慧化目标，与相关技术领域之间存在密切联系。智慧图书馆采用的技术涉及数字孪生、物联网、5G、区块链、大数据、云计算、人工智能、可视化、人机交互等多个互联网前沿发展领域。技术标准子体系主要为智慧图书馆建设与发展的智能技术应用提供关键性技术规范，以及为各类智能硬件应用、各类智能计算资源应用、不同智能系统之间的互联与互操作提供标准，具体包括以下五个方面标准。

（一）智能硬件相关技术标准

智能硬件是指具备信息采集、处理和连接能力，并可实现智能感知、交互、大数据服务等功能的新兴互联网终端产品[①]。智慧图书馆对智能硬件的应用集中于数据采集阶段和数据服务阶段，依托三类智能硬件：①智能穿戴设备，面向图书馆用户知识服务应用的智能眼镜、虚拟现实设备；②智能服务机器人，面向图书馆用户知识服务应用场景，提供具备多模态人机交互、环境理解、自主导航、智能决策等功能的智能服务机器人设备，包括问答机器人、导航机器人、讲解机器人等；③智能工艺装备：面向智慧图书馆业务流程智慧化目标，发展智能工业传感器、智能工业网关、无人系统等，打造智能书架、智能书库、自助借还、智能采编机器人等工业机器人产品及服务。

---

① 工业和信息化部　国家发展和改革委员会关于印发《智能硬件产业创新发展专项行动（2016—2018年）》的通知［EB/OL］.［2022-06-22］. https://wap.miit.gov.cn/jgsj/dzs/wjfb/art/2020/art_b979cfefc239458294ff3b2fb07cba47. html.

智慧图书馆标准体系中，需要将上述智能硬件涉及技术的标准。此外，图书馆建筑的智能化也需要应用到大量智能硬件技术，相关标准纳入"智能楼宇标准"；关于智能硬件如何应用的标准，则在"智能设施设备应用标准"中予以规范。

（二）物联感知相关技术标准

考虑到物物相联的建设需求，智慧图书馆需要确立起完成全域状态、自动精准感知的系列标准，包括不同场景应用传感器技术、射频技术、蓝牙技术、二维码技术、VR/AR 技术的标准，以及结合传感器型谱体系及智能传感器的发展而开发图书馆专用感知设备的技术标准，解决以下问题：①信息标识及解析，支持图书馆建设和服务中使用的各类非接触式感知设备自动识别目标对象，采集和分析数据信息；②数据编码与交换，确立智慧图书馆标准体系中智能传感数据的信息模型、数据字典、通信协议、接口与集成方面的标准等，与接口及互操作相关技术标准的规范范畴密切相关，在标准研制实践中应注意进行区分和协调。

（三）智能计算相关技术标准

智慧图书馆全部建设阶段和各个主要应用场景，将频繁应用到计算机视觉、自然语言处理、语音识别、大数据处理、云计算与云存储、机器学习等技术，需要实现以下功能：①建立以终端设备和传感器等设施作为边缘计算节点进行初级阶段数据处理的方法规则；②通过身份认证、IP 识别、设备编码等方法建设图书馆全域用户、文献、设备、空间、环境等要素的数字化标识技术，设定出入口、核心资产等关键节点的判断规则；③建立各类业务数据、用户行为数据和系统运行数据收集的频率、格式等规范；④建立数据处理规则，借助云侧、端侧的软硬件设备、平台及其物理和虚拟的空间、资源，在开发编译环境中运用各类框架和算法完成数据的加工和增值；⑤建立数据存储规则，在云侧、端侧的软硬件设备上完成数据大规模的组织和不同时长、精度要求的保存，对数据交易、数据共享、数据处理、数据可视化等进行用户视图构建和权限分配，保障安全。

其中，大数据处理相关技术标准可细分为：①能够充分调度 CPU、GPU、FPGA、ASIC 等芯片算力资源以实现并行计算、分布式计算的软硬件设备型号需求及部署规范；②决策树、概率密度估计、支持向量机、传统神经网络、深度学习等机器学习算法及其开发框架，如 PyTorch、Tensorflow、Caffe、PaddlePaddle 等在图书馆各场景数据处理、知识加工中的技术规范；③自然语言处理、计算机视觉、三维建模、仿真模拟、全息影像、智能语音、人机交互等领域的算法和技术标准；④数据处理各阶段的操作指南，如建模方法、预处理规范、数据标注方法与规范、训练样本的数量及质量要求、测试数据集的数量及质量要求、智能推理中的搜索与匹配法则、智能决策中分类/排序/预测的任务要求等；⑤无差别共享公共数据或个性化推荐结果的数据推送频次、方式等相关规范；⑥计算机图形学、可视化技术及交互技术相关规范。

存储相关技术标准可细分为：①软硬件设备的分层次、分布式部署规范；②物理资源和虚拟资源的统计、调度等管理规则；③各级设备、资源的运营维护指南；④各类文献、信息、知识、元数据等数据资源存储的文件、索引、词典、数据库格式规范，以及数据导入导出的操作方法；⑤应用各类结构化、半结构化、非结构化数据的存储技术建设数据资源的组织和分布规则；⑥通过梳理数据角色和分级授权设置不同接口，满足不同应用需求的图形界面和数据视图；⑦关于数据备份的技术规范。

（四）接口与互操作相关技术标准

处理智慧图书馆的接口与互操作问题，主要考虑人机交互、生物特征识别、数据交换、系统接口等方面的技术。技术标准至少应包括以下内容：①人机交互设备的引入、改造规范；②人机交互中动作捕捉、眼球追踪、手势追踪、触觉反馈、机电传感等技术使用规范；③生物识别（包括指纹识别、人脸识别、虹膜识别、静脉识别、声纹识别等）、多模态识别等过程中数据采集的规范和隐私保护要求；④端侧设备运动、显示、发声、渲染、合成等单一或复合交互技术的应用指南。

智慧图书馆的业务流程和数据流动中，涉及的传输、交换的接口和互操作协议规范非常多，应当建设各类硬件与硬件之间、硬件与软件之间、软件与软件之间有线或无线、物理或虚拟接口的规范，建设硬件、网络和操作系统等层面的互操作应用指南，建设系统、数据之间的互操作规范。同时，既要考虑智慧图书馆体系内各系统间的接口与互操作问题，又要考虑智慧图书馆与外部智慧城市体系中各智慧应用系统的接口与互操作。

（五）网络通信相关技术标准

数据传输是贯穿智慧图书馆全领域、全过程的任务，主要依托 5G 和集群专网来完成，并且对网络安全有较高要求，需要建设区块链、各类接口、数据交换格式、通信协议、互操作规范等软硬件设备、平台、合约、指南等，在智慧城市和馆区的各级公共网、专用网、子网中完成数据的无损、安全传输和分发。网络通信相关技术标准包括：①卫星、光纤、无线网络等软硬件设备的馆区部署和城市接入规则；②不同硬件设备和操作系统间的通信协议；③数据传输对网络的带宽、时延要求，各类设备间通信需要的接口、网关，数据传输中的编解码规则；④保障负载均衡、服务高效的网络资源管理规则；⑤针对重要数据和核心资产的存证、追踪等需求而建设的加密算法、共识算法、智能合约、跨链操作等区块链领域相关技术应用指南。

如前文所述，智慧图书馆建设所涉及的技术较为宽泛，且主要关注的是成熟智能技术的应用，而非技术研发本身，因此，智慧图书馆技术标准子体系建设应当将工作重点放在为成熟技术在图书馆的应用提供规范指引上，一般情况下不应直接为该项技术制定通行标准。为此，相当一部分技术标准可直接采用相关技术领域已有标准，如，可重点关注前文所述人工智能标准体系"B 支撑技术与产品""D 关键通用技术""ED 生物特征识别""EF 人机交互""FB 智能运载工具""FC 智能终端"的标准成果，知识图谱领域标准成果，以及智慧城市标准体系"技术与平台"中"物联感知""网络通信""计算与存储"等的标准成果。此外，大数据领域已有 GB/T 38673—2020《信息技术　大数据　大数据系统基本要求》、GB/T 35274—2017《信息安全技术　大数据服务安全能力要求》等近 20 项国家标准；云计算领域已有 GB/T 36326—2018《信息技术　云计算　云服务运营通用要求》、GB/T 37738—2019《信息技术　云计算　云服务质量评价指标》等 50 项国家标准；物联网领域已有 GB/T 40688—2021《物联网　生命体征感知设备数据接口》、GB/T 34068—2017《物联网总体技术　智能传感器接口规范》等 80 余项国家标准；生物特征识别领域已有 GB/T 37036《信息技术　移动设备生物特征识别》系列标准、GB/T 35678—2017《公共安全　人脸识别应用　图像技术要求》等 50 余项国家标准，可根据需求直接采用或借鉴参考。确需对相关技术的应用给出行业应用指南的，可考虑制定相应标准。

三、智慧图书馆数据标准子体系

智慧图书馆建设的一个重要特征是大数据的广泛应用，数据与图书馆资源建设、服务、管理的融合更加全面和深入。随着各类智能传感设备、新型系统平台的广泛应用，图书馆的业务和服务数据将得到更全面的采集，大数据分析技术的日益成熟则为数据挖掘和利用提供了更多可能。图书馆通过智能采集各类资源与业务数据，进行智慧分析与处理，进而有效、精准、快捷地为用户提供所需的文献、信息、数据等资源，经过深加工的知识服务以及智能共享空间和特色文化空间[①]。在此背景下，图书馆的数据管理将变得更加重要，数据管理的标准化也日益迫切。智慧图书馆建设中的数据管理至少应当包括三个层次：通过各类传感、监控设备以及大数据和云计算技术对数据进行采集和存储；利用机器学习、人工神经网络等技术对馆藏数据、用户行为数据等数据资源进行分析和挖掘；将数据资源应用到资源采购、空间优化、知识发现等服务与决策行为[②]。数据管理的标准也应当涵盖这些内容，为规范数据的采集加工、组织挖掘、保存、分析利用等提供标准。

（一）数据采集和加工标准

对资源内容、用户服务和行为数据进行采集和深度加工，是智慧图书馆数据资源建设的重要方式。在智慧图书馆数据加工方面，应重视数据内容采

---

① 李玉海,金喆,李佳会,等.我国智慧图书馆建设面临的五大问题[J].中国图书馆学报,2020（2）:17-26.

② 洪亮,周莉娜,陈珑绮.大数据驱动的图书馆智慧信息服务体系构建研究[J].图书与情报,2018（2）:8-15,23.

集与识别、资源精细化标引、知识内容抽取等重点领域标准建设。同时应该充分利用多种数字创意技术，开展新型数字资源建设，将原始纸质文献的物理形态在虚拟空间中形象地予以展现，并进行故事化的解读。

（1）数据采集与识别：对数据内容识别转化是资源内容结构化、知识体系化的基础。在数字图书馆建设过程中积累了丰富的存量资源，如纸质文献的扫描图像、音视频资源等，可充分应用机器学习、自然语言处理等技术，建设文本识别、音视频识别、古籍自动标点、智能翻译等方面的标准规范，推动数字化文本的批量结构化加工。同时，需要对服务和行为数据的采集方式、采集策略进行规范。

（2）数字资源精细化标引：围绕图书、期刊、报纸、音视频等多种类型数字资源，采用自动化抽取的方式开展资源精细化标引。根据加工对象的文献形态、内容结构和服务需求，确立各类型数字资源细粒度的文献著录单元、著录内容。加强自动化抽取规范和方法的研究应用，建设资源精细化标引指南。

（3）知识内容抽取：充分利用自动化手段分析文献内容，建立知识元抽取模型，确定人物、机构、事件、地理名称以及其他具有标目意义的专题、实物等的知识元抽取规范，开展知识标引工作，以形成基于文献知识内容的语料库。

（4）新型数字资源建设：强调虚拟性、交互性、临场感、沉浸感、真实性、多感官性等特征，为读者创造视觉、听觉、触觉等立体感受，营造虚实场景深度融合效果，使其产生身临其境之感。新型数字资源建设方向涉及VR全景视频、AR场景、MR内容制作、虚拟漫游导航等。需要针对资源内容选择与审核、三维图形生成、动态环境建模、实时动作捕捉、快速渲染处理等技术在资源建设中的场景化应用等推进标准规范研制，为新型数字资源建设提供操作指引。

（二）数据组织挖掘标准

数据组织挖掘是对加工好的知识资源进行揭示和挖掘，以提供数据的知识化服务。随着人工智能、知识图谱技术的发展，图书馆应增强知识管理与知识服务支撑能力，支持对多源知识内容的开放采集聚合和统一加工揭示。借助语义网、人工智能等技术，自动抽取和构建满足用户需要的知识结构及相关资源体系，通过关联数据和本体进行语义组织，形成全网集成的智慧化知识网络图谱。

（1）语义化描述规则：建设关联数据的应用指南、分类法、主题词表、本体、知识组织体系等形式化语义描述标准，借助语义技术充分挖掘大数据间的复杂关系和知识点之间的语义关系，规范智慧图书馆关联数据建设，以实现图书馆数字信息的语义关联和知识重组。

（2）知识图谱建设：知识图谱建设是以结构化的形式描述客观世界中概念、实体及其关系，从结构化、半结构化、非结构化数据中获取知识。要加强知识图谱主要技术研究，建设智慧图书馆知识图谱建设标准，为实现智慧图书馆知识导航、语义检索、智能推荐等智慧化服务提供指南。

（3）知识组织系统互操作应用：加强词表互操作标准的应用，在各类词表之间建立术语 / 概念的映射，实现术语表、分类表、叙词表等传统知识组织系统及以形式化本体为代表的新型知识组织系统的互操作，用以支持多领域、多语种文献信息资源的关联组织和揭示。

（三）数据保存标准

智慧图书馆建设中对各类数据的存储主要应考虑支持对大规模数据的有

效管理和计算。数据保存除考虑存储架构、存储介质和存储设备管理外，还应加强智慧图书馆数据保存策略、数据提交协议相关标准研制，为智慧图书馆数据保存提供操作指南。

（1）数据保存策略：智慧图书馆将运用云端和 5G 相结合的新模式，在分布式存储基础上，构建跨机构的云仓储架构，形成文献资源的联合保存与服务集成。标准研制需确立智慧图书馆知识内容保存架构、保存原则，为智慧图书馆数据保存管理提供操作指南。

（2）数据提交协议：明确数据提交方式，文件存储结构、命名规则，为知识内容提交保存提供操作规范。

（四）数据分析利用标准

数据分析利用考虑将采集加工、组织挖掘的业务管理数据、资源流通服务数据、用户属性及行为数据、系统设备运行数据等，通过大数据分析，广泛应用于图书馆智慧采编、机器人导引、智能问答、智慧安防等业务管理和系统开发，不断提升基于数据驱动的智慧化管理服务效能，为图书馆的智慧化管理运行和图书馆间的智慧化协同治理提供支持。数据分析利用标准一方面需要对数据分析的方法、流程、工具等提供指南，另一方面要对数据在馆内流动、行业内共享利用、面向社会开放共享的策略，以及信息隐私保护等进行规范。

智慧图书馆作为未来数字社会的组成部分，在数据管理方面需要关注与其他领域数据管理的协调，做好与已有国家标准的衔接。由全国信息技术标准化技术委员会归口管理的国家标准《信息技术服务　治理　第 5 部分：数据治理规范》（GB/T 34960.5—2018）（以下简称《数据治理规范》），已于 2019 年开始实施。《数据治理规范》将数据治理的目标概括为运营合规、风险可控、价值实现三个层面[①]，其中价值实现是数据治理的核心目标，要帮助组织实现"IT支持业务"到"数据驱动业务"的转型，在运营合规、风险可控的基础上，确保数据资产得到有效管理，并最终实现数据资产价值的最大化[②]，相关标准的制定也应以此为目标。智慧图书馆数据管理标准除了应当涵盖数据采集、分析和挖掘、数据应用等具体内容，还应当参照国家标准《数据治理规范》，提出明确的智慧图书馆数据治理目标，并构建完整的数据治理框架，包括数据治理战略规划、组织构建和架构设计；数据治理的内外部环境；数据管理体系（包括数据标准、数据质量、数据安全、元数据管理、数据生存周期）和数据价值体系；以及包含统筹和规划、构建和运行、监控和评价、改进和优化在内的数据治理过程。

四、智慧图书馆服务标准子体系

智慧图书馆建设的根本目的之一是提升图书馆的知识服务能力，应当在借鉴相关标准的基础上，制定较为完善和系统的服务标准，以促进智能技术手段在图书馆服务中的全面应用。服务标准应主要着眼于为智能技术应用于用户服务所产生的专门服务场景或服务方式提供规范，如环境感知服务、知识发现服务、智能问答、智能机器人辅助借还书、智能架位导航等，同时需要根据服务技术手段和方式的变化，为其他已有服务标准补充智慧化方面的内容。

---

① 国家市场监督管理总局,中国国家标准化管理委员会.信息技术服务 治理 第5部分:数据治理规范:GB/T 34960.5—2018.北京:中国标准出版社,2018:2.
② 卢凤玲.融合数据治理体系的智慧图书馆框架研究[J].图书馆,2021（5）:74-78.

（一）环境感知服务标准

环境感知服务是指图书馆向用户主动提供与当前环境密切相关的信息，以实现对图书馆现有环境、人员、位置、文献、活动等的安全感知、识别和记录。打造环境感知服务标准有助于提高智慧图书馆服务的主动性、精准性，增强用户体验感。环境感知服务标准主要包括两个方面，一是面向实体环境的感知服务标准。借助于感知设备与传感器网络应用，围绕图书馆空间、资源等开展服务，为用户提供便捷、高效的智慧流通服务与空间体验服务，包括基于智慧环境的无感借阅、室内 3D 导航、智能导览、环境条件智能调节等。二是面向用户环境的感知服务标准。利用人脸识别、红外检测等方面的设备识别用户角色、感知行为动作等，通过算法分析和推测用户的需求，并实现服务的主动聚合和组装，主动为用户提供当前环境下的能满足用户需求的推荐服务，包括生物识别、感知识别等相关服务的标准。环境感知服务标准应重点围绕环境感知服务效能，对开展的环境感知服务类型、服务开展的主动性、可承担的服务能力以及服务的精准性评价进行规范，以提高环境感知服务的效率与准确性。

（二）知识发现服务标准

知识发现服务是指面向不同用户的需求，发掘用户特征以及知识资源关联分析，实现知识生产、传播、消费的全链条服务。知识发现服务可从服务类型、服务过程、服务效能等方面进行规范。

在服务类型方面，知识发现服务标准应根据图书馆事业发展现实需求，规范图书馆可开展的知识发现服务，如基于知识的智能问答、智能参考咨询、智能检索、个性化知识推荐等。

在服务流程方面，图书馆应建立知识发现服务过程的流程管理规范。

在服务效能方面，一方面要对知识发现服务实施效果进行规范，重点规范知识发现服务的精确度、匹配度，考查服务的数据运转流畅性、数据协作耦合度。另一方面要对知识发现服务满意度进行规范，建立反馈机制，根据用户满意度及用户需求及时调整知识发现服务的模式、过程、推送方式等。

（三）不同用户群体智慧服务标准

智慧环境下，图书馆服务应更加重视对不同用户群体的细分，充分利用智慧技术手段，进行用户"群体画像"和"个人画像"，并将用户画像结果运用于智慧图书馆服务中，提供个性化、精细化、分众化、主题化服务。为此，需要制修不同用户群体智慧服务标准，为满足用户多元化需求提供指引。

智慧图书馆开展的智慧服务将智能技术贯穿服务的整个过程，对用户的数字信息素养和设施设备使用技能有一定的要求，而特殊群体因其生理因素或技能学习不足等，不能很好地体验智慧服务带来的效果，为此，需要关注和重视特殊群体智慧服务标准。近年来，我国先后发布实施了针对特殊群体图书馆服务的国家标准，如《图书馆视障人士服务规范》（GB/T 36719—2018）、《公共图书馆少年儿童服务规范》（GB/T 36720—2018）、《公共图书馆读写障碍人士服务规范》（GB/T 39658—2020）、《公共图书馆听障人士服务规范》（GB/T 40952—2021）等。此外文化和旅游部发布的文化行业标准《公共图书馆评估指标　第2部分：省、市、县级公共图书馆》（WH/T70.2—2020）将特殊群体服务分为了未成年服务和其他特殊群体服务，特殊群体包括但不限于老年人、残疾人、进城务工人员、监狱服刑人员等群体①。这些标准已经对面向特殊群体开展的基本服务类别和内容进行了规范，智慧图书馆的特殊群体服务标准应结合智慧服务特点对已有服务标准规范进行修订或新制定所需标准，注重提高智慧服务的适用性。一方面要对特殊群体智慧服务进行针对性规范，分类型制定面向特殊群体的专门服务标准，通过感知识别技术识别特殊群体身份，触发相应的图书馆设备或智慧服务，必要时触发人工服务。另一方面要对图书馆智慧服务设备、服务终端进行适应性规范，特殊群体在使用中应具有相对应的服务界面或服务模式等，以确保其可正常使用，使智慧技术能更好地适应需求，提供便利。

在此过程中，人工智能标准体系"BE智能传感器""DA机器学习""EE虚拟现实/增强现实""FA智能机器人""FD智能服务"，知识图谱标准体系"知识获取""知识运维""知识获取工具"，智慧城市标准体系"惠民服务"等标准成果可提供参考借鉴。特别是应当及时总结一些新技术催生的服务模式或成功应用新技术的服务案例，将其成功做法以标准化形式固化下来加以推广。智慧图书馆的服务既是一种可独立存在、单独获取的服务，更是一种应融入其他行业、融入用户生活学习的可普遍获取的服务，因此，应当将智慧图书馆所提供的服务作为智慧城市的一个应用方向，并融入智慧城市"惠民服务"中"政务服务""教育服务""社区服务""无障碍服务"等其他应用场景，同时也应将其作为人工智能的一个独立行业应用，并融入其他人工智能行业应用中，为其提供知识服务支撑。

---

① 中华人民共和国文化和旅游部.公共图书馆评估指标　第2部分:省、市、县级公共图书馆:WH/T 70.2—2020[S].北京:中国标准出版社,2020:34.

五、智慧图书馆空间标准子体系

　　智能技术的应用将会在很大程度上改变甚至重塑人们所熟悉的传统图书馆空间，这是未来智慧图书馆建设应重点关注的领域之一，为此，本标准体系框架特别规划了空间标准，主要意图是为利用智能技术构建新型智慧空间提供标准依据。本研究所指智慧图书馆空间包括物理空间、虚拟空间和虚实结合空间，为用户提供在地、在线、在场的智慧服务，是以图书馆实体建筑空间为平台，充分运用物联网、云计算、大数据、5G、射频识别等现代智能技术，通过智慧设施设备的部署、升级改造，推动图书馆智慧空间设施及管理应用系统与用户智能终端互联互通，打造集文献资源、设施设备、技术工具等于一体的工作空间、阅读学习空间、交流共享空间和协同创新空间[①]，提供线上线下、在线在场的沉浸式阅读学习体验[②]，实现图书馆物理空间和虚拟空间的有机融合。智慧空间的建设目标是以人为中心，提升其空间体验。为达到上述目标，需要运用智慧技术手段，为用户在图书馆物理空间内的行为和活动提供具有高感知性、互联性和智能化的智慧化环境[③]。智慧图书馆空间标准可分为智能楼宇标准、智慧空间标准、智能设施设备应用标准三类。

---

　　①② 饶权.全国智慧图书馆体系:开启图书馆智慧化转型新篇章[J].中国图书馆学报，2021,47（1）:4-14.

　　③ 单轸,邵波.图书馆智慧空间:内涵、要素、价值[J].图书馆学研究,2018（11）:2-8.

（一）智能楼宇标准

智能楼宇又称智慧楼宇、智慧建筑，能够"通过运用传感技术、通信技术和信息技术的多种手段感知、融合、分析和控制建筑全生命周期中各项关键指标，从而对建筑的所有相关利益方在运营、环保、安全、服务、用户活动方面的各种需求做出准确响应"[①]，在安全与安防、高效与便捷、绿色与节能、健康与舒适等方面提供保障。

图书馆智能楼宇应至少具备如下功能：①为文献存藏和用户活动营造适宜的环境。通过采光照明、暖通空调、防噪隔音等设备的智慧化部署或改造，利用物联网、云计算、大数据、5G、射频识别等技术，对温湿度、空气质量、光照度、紫外线强度等环境状态进行实时感知、动态监测和智能调控，为文献存藏环境的精细管理、动态调控、风险预警和应急响应等提供智能高效的支撑和保障，为读者和工作人员提供舒适、友好、人性化的环境。②实现智能安防管理。通过智能监控、门禁、停车场管理、人脸识别、入侵报警等系统的部署，对客流信息、区域人群密度、险情状态等动态监测与智能调控，确保建筑、文献、人员的安全。③为到馆读者个性化服务提供智能支持。对读者在图书馆建筑内的行为数据、活动轨迹空间数据等进行动态采集，为进一步的数据挖掘与管理、用户画像分析等提供基础。

智能楼宇标准需要针对上述功能，根据图书馆规模和性质，对图书馆建筑总体设计、设施设备与系统部署、智能能耗安全管理、智能安防管理、环境智能监测与管理等应用场景予以规范和引导。

---

① 中国建筑学会.智慧建筑设计标准:T/ASC 19—2021[S].北京:中国建筑工业出版社, 2021:1.

② 《智慧建筑评价标准》正式发布[EB/OL].[2022-08-04]. http://www.ibrc426.com/newsitem/278382794.

目前国内智能楼宇相关标准包括《智能建筑工程施工规范》（GB 50606—2010）、《智能建筑工程质量验收规范》（GB 50339—2013）和《智能建筑设计标准》（GB/T 50314—2006）等，涉及智能建筑的设计标准、施工规范以及质量验收规范，其中《智能建筑设计标准》中包含图书馆建筑智能化规范的内容。建工行业标准《图书馆建筑设计规范》（JGJ 38—2015）提出了图书馆建筑智能化设计要求，包括宜设置计算机网络系统、综合布线系统、通信系统、广播系统、安全防范系统、信息发布及查询系统、建筑设备监控系统、火灾自动报警系统及应急广播系统等内容。随着信息技术的发展，图书馆智能楼宇的要求和需求也在相应变化，需要对上述《智能建筑设计标准》《图书馆建筑设计规范》以及《公共图书馆建设标准》（建标108—2008）进行更新、修订。深圳市地方标准《无人值守智慧书房设计及服务规范》（DB4403/T 170—2021），中国建筑学会标准《智慧建筑设计标准》（T/ASC 19—2021）和全国智能建筑及居住区数字化标准化技术委员会等机构研制的《智慧建筑评价标准》（T/CABEE002—2021）两部团体标准，可提供借鉴参考。

（二）智慧空间标准

公共图书馆具有收集、整理、保存文献信息并提供查询、借阅及相关服务，开展社会教育的法定职责，要在有限的馆舍空间内，同时满足业务操作、服务提供、活动举办等多项功能，就需要对空间进行合理规划与建设，形成功能全、效率高的空间环境。在智慧化发展环境下，图书馆空间有了新的场景和功能，例如文献智慧存藏空间、智慧业务操作空间、智慧行政办公空间、智慧阅读学习空间、智慧交流共享空间和智慧协同创新空间等，同时还包括虚拟空间的营造。在传统环境下，图书馆功能分区依靠物理分隔来划分，而图书馆智慧空间的功能分区不一定要设立集中的、专门的物理区域，结合物质性布局设计与功能性场景设计，通过智慧设施设备和相关系统的部署，可实现根据应用场景和功能需求灵活变动。

目前国内关于图书馆功能分区的标准依据，主要是《公共图书馆建设标准》《图书馆建筑设计规范》，前者将公共图书馆各类用房分为藏书区、阅览区、咨询服务区、公共活动与辅助服务区、业务区、行政办公区、技术设备区、后勤保障区等 8 个主要部分，并对不同规模图书馆各类用房面积做了详细规定；后者要求，"图书馆建筑设计应根据其性质、规模和功能，分别设置藏书、阅览、检索出纳、公共活动、辅助服务、行政办公、业务及技术设备用房等"。两者同时都对图书馆的少儿服务区域及配套设施、无障碍服务区域及配套设施、室外场地规划、室内交通流线等提出了要求。智慧空间相关标准的制定，既要考虑根据图书馆发展程度，增加对支持创新创造、提升读者体验的创客空间、智慧研习空间、智慧体验区等新型空间的规划；又要对图书馆如何建设智慧空间进行规范或提供指引，比如制定智能书库建设规范，智慧阅读学习空间、智慧交流共享空间和智慧协同创新空间应用指南、最佳实践案例等；还可根据需要对智慧图书馆在元宇宙的应用场景、接口等方面进行指引和规范。

（三）智能设施设备应用标准

图书馆的智慧设施设备按其功能可以划分为文献智能保存保护与处理、智慧办公、智慧服务、智慧管理支持设施设备等。①文献智能保存保护设施设备，包括文献残损病害预防、分析、诊断及辅助修复等相关技术设施设备，如智能仓储设备、文献病害智能识别设备、智能脱酸设备、智能补书机、文献智能修复机器人等；②文献智能处理设施设备，如智能传输分拣机器人、文献自动分编机器人等；③智慧办公设施设备，智能桌椅、智能窗帘、智能玻璃、智慧会议设施设备等；④智慧服务设施设备。为读者直接提供智慧阅读学习、创新创作、活动交流、参考咨询等服务的设施设备，如VR、AR、MR等技术相关感官增强终端设备，智能座席、智能教学设备、智能视听设备、智能问答机器人等；⑤智慧管理支持设施设备，全面感知采集建筑群内的人、事、物、环境等信息数据，对图书馆实体文献、线下实体空间、设备设施、读者在建筑群内的行为等数据进行动态采集的各类传感设备，对智慧空间环境进行自动监测、调控与管理的设施设备等。

智慧设施设备有助于提高图书馆管理运行自动化、智能化水平，提升用户空间体验，但绝不是在一个特定空间中堆砌各种智能设备就可以称为"智慧空间"[①]，需要基于智慧空间应用场景，制定"点—线—面—体"的智慧设施设备应用标准，以更好地支持智慧空间功能的实现。①"点"：针对设施设备个体，可复用或制定实体设施设备应用标准。对于通用设施设备，如传感器、智能家具等，可复用相关领域已有标准；对于图书馆专用智慧设施设备，如文献病害智能识别设备、文献智能修复机器人、智能采编设备、智能问答机器人等，可研制专用标准。②"线"和"面"：针对设施设备与功能的线性连接和覆盖面，制定功能场景驱动的设施设备应用标准。根据智慧空间专业化、精细化、个性化、智慧化服务目标，建构智慧空间的功能场景，根据功能场景需求，对引入哪些设施设备、如何进行物物相联和人物相联、如何实现场景功能等进行规范。③"体"：针对单个图书馆立体空间、智慧图书馆空间体系，研制系统设计类标准。一方面，基于业务链条将各类设施设备和各类功能空间、图书馆建筑有机关联和整合，实现智慧空间的立体化建设、运营与管理；另一方面，各级各类图书馆的馆舍和空间组成了图书馆

---

① 初景利,段美珍.智慧图书馆与智慧服务[J].图书馆建设,2018（4）:85-90,95.

的服务空间体系，通过研制相关标准，将散布的各种图书馆智慧空间通过设施设备与其应用系统进行数据汇聚，形成体系化的融合体。

在智慧空间建设过程中，应对人工智能标准体系"F产品与服务"的相关标准成果紧密跟踪，并将可用于图书馆智慧空间改造的产品与服务引入图书馆行业，形成具有图书馆行业特性的智慧图书馆空间标准。

六、智慧图书馆管理标准子体系

图书馆标准规范体系中，管理标准被划分为设施设备管理标准、业务管理标准、组织管理标准和环境管理标准四类[①]。其中设施设备管理标准和环境管理标准在本标准体系下的空间标准中已有涉及，故本部分主要聚焦智慧图书馆业务管理和组织管理中的标准化需求，特别是智慧图书馆的产生对管理标准化提出了新需求，考虑将管理标准划分为信息安全管理标准、知识产权管理标准、用户管理标准、评估评价标准四类。

（一）信息安全管理标准

智慧图书馆建设中，新的信息技术将更广泛地应用于图书馆各项业务中，技术与业务融合进一步深化的同时，也带来了更多的安全问题。智慧图书馆建设过程中面临的安全问题主要包括：物理安全，如计算与存储设备、智能终端等硬件的环境和设备安全；网络通信安全，如网络通信的结构安全、访问控制、安全审计、边界完整性检查、入侵防范、恶意代码防护以

---

① 王秀香,李丹.我国图书馆标准规范体系构建研究[J].图书馆,2017(9):9-12.

及网络设备安全等；系统和软件安全，如云平台、大数据分析平台、服务和业务管理系统、软件应用等的安全；数据安全，包括各类基础数据、用户个人信息、共享交换数据、应用领域数据、管理数据等收集、存储、使用、加工、传输、提供、公开、删除等过程的安全。在智慧图书馆管理标准建设过程中，应当考虑上述几个方面的安全问题。

近年来，随着国家对信息安全问题的日益重视，有关法律法规和标准规范相继出台，《中华人民共和国网络安全法》（2016 年）、《中华人民共和国数据安全法》（2021 年 6 月）[①]、《中华人民共和国个人信息保护法》（2021年 8 月）三部法律，中央网信办发布的《互联网信息服务算法推荐管理规定（征求意见稿）》（2021 年 8 月）、《网络数据安全管理条例（征求意见稿）》（2021 年 11 月）等政策性文件，以及 2019 年发布的《信息安全技术　大数据安全管理指南》（GB/T 37973—2019）、《信息安全技术　个人信息安全规范》（GB/T 35273—2020）等国家标准，都是制定智慧图书馆信息安全管理标准必须遵循和参考的重要文件。智慧图书馆信息安全管理标准除了要涵盖物理安全、系统和软件安全、数据安全等几个方面的内容，还要特别考虑落实相关法律法规和已有国家标准的具体要求。例如，在制定智慧图书馆数据安全标准时，要贯彻《中华人民共和国数据安全法》和国家标准《信息安全技术　大数据安全管理指南》（GB/T 37973—2019）[②]关于建立数据分级分类保护机制的要求，对智慧图书馆建设中不同来源、不同属性的数据确立不同级别的安全保护要求。

---

① 中华人民共和国数据安全法[EB/OL].[2022-05-10]. https://flk.npc.gov.cn/detail2. html?ZmY4MDgxODE3OWY1ZTA4MDAxNzlmODg1YzdlNzAzOTI%3D.

② 国家市场监督管理总局,中国国家标准化管理委员会.信息安全技术大数据　安全管理指南:GB/T 37973—2019[S].北京:中国标准出版社,2019.

（二）知识产权管理标准

智慧图书馆建设中，知识内容的高度集成和知识服务的全域贯通将是显著特征[①]，图书馆馆藏资源的类型将更加多样，资源的来源将更加多元，此过程中知识产权的管理问题也将更加复杂。智慧图书馆建设过程中可能涉及的知识产权风险包括：链接外部资源不当造成的侵权风险；网络资源本地化造成的侵权；馆藏资源数字化造成的侵权；数据上云产生的侵权风险等[②]。同时，为了向用户提供更加精准和具有个性的知识服务，文本数据挖掘技术将被广泛应用，文本数据挖掘过程中的数据收集、预处理、建模和形成分析结果等环节有可能会产生更多的知识产权问题[③]。此外，在智能设施设备开发、智慧资源建设、系统平台建设等过程中，可能会产生大量自有知识产权。

智慧图书馆需要加强知识产权管理标准的建设，要在《中华人民共和国著作权法》和《信息网络传播权保护条例》基础上，全面分析智慧图书馆建设的知识产权管理需求，建立覆盖知识内容集成和服务全流程的知识产权管理标准体系。除了要关注过去数字资源建设中原已存在的知识产权问题，还要重点对智慧化过程中产生的新问题，特别是对数据上云以及文本数据挖掘应用等领域的知识产权问题进行规范，对自有知识产权的创造、运用、保护、管理等过程的制度、方法、技术应用等进行规范。特别是应围绕数据的增值服务过程，建立较为完整的标准，以规范数据确权、交易、验证、追溯

---

① 饶权.全国智慧图书馆体系：开启图书馆智慧化转型新篇章[J].中国图书馆学报,2021（1）:4-14.

② 万映红,任思莹,万莉.大数据时代智慧图书馆知识产权风险及对策[J].图书馆学研究,2019（5）:71-74,86.

③ 闫宇晨.我国智慧图书馆文本数据挖掘侵权风险与对策研究[J].国家图书馆学刊,20221）:106-113.

等全过程的知识产权管理。

（三）用户管理标准

智慧图书馆建设与运行中，对于用户的管理需要实现如下功能：①支持统一身份认证与多途径认证，即拓展统一身份认证范围，支持账号密码、人脸识别、动态验证、刷卡认证、社交账号等多种认证方式；②支持统一权限控制，综合智慧图书馆各服务系统、设施的情况，设计统一的角色与权限体系，实现智慧图书馆全平台访问权限的集中控制[①]。这些功能的实现，可通过用户管理标准予以系统化指引，建设智慧图书馆用户管理生命周期规范、统一用户管理系统开发规范、统一身份认证规范、用户权限管理与控制规范等。

（四）评估评价标准

智慧图书馆的核心在于广泛应用 5G、大数据、云计算、区块链等"技术智慧"，大力提升知识组织、加工、存储、传播、服务等领域的"图书馆智慧"，以全面激活创新创造过程中的"用户智慧"，最终服务于智慧社会的建设与发展[②]。建设评估评价标准应考虑两个方面的内容：一方面，智慧技术广泛应用于图书馆的资源、服务、管理领域，并给图书馆的整体效能带来较大影响，需要在现有图书馆评估标准中补充有关智慧图书馆建设与服务成效评估的内容；另一方面，作为一种新的发展理念，智慧图书馆建设仍处于不断探索的过程中，会经历不同的发展阶段，如何对建设过程中的智慧化

---

① 林鑫,宋吉.面向高校智慧图书馆的统一用户管理系统构建研究[J].数字图书馆论坛,2021（4）:38-43.
② 饶权.全国智慧图书馆体系:开启图书馆智慧化转型新篇章[J].中国图书馆学报,2021,47（1）:4-14.

水平或智慧化程度进行专门的衡量和评估，可考虑在一定时期内建立专门标准。

目前图书馆评估标准已较为系统，由文化和旅游部组织的全国县级以上公共图书馆评估定级工作，配套制定了省、市、县不同层级图书馆的评估标准①。针对公共图书馆评估，还有公共图书馆评估指标的系列文化行业标准②③④可供参考。此外，国家标准《信息与文献　图书馆绩效指标》（GB/T 29182—2012）和文化行业标准《信息与文献　公共图书馆影响力评估的方法和流程》（WH/T 84—2019）分别从绩效和影响力的角度对图书馆评估评价进行了规范。随着数字图书馆的发展，前述图书馆评估标准在修订过程中不断增加有关数字图书馆建设评价的指标和内容，例如，前六次公共图书馆评估定级的标准逐步涵盖了包括数字资源建设和服务、网站建设和利用、设施和技术配备、重点文化工程、数字参考咨询、联合编目、系统建设等在内的内容⑤，第七次公共图书馆评估定级标准中新增"云服务"和"智慧应用场景"，将与智慧城市云平台对接情况、应用现代信息技术开展图书馆智慧化管理和服务（比如"沉浸式"体验服务、自动盘点机器人、智慧书架、智慧书库等）的数量⑥作为评估内容。文化和旅游部行业标准《公共数字文化绩效评估指标》，从服务、资源、平台、组织管理以及效益和满意度五个方

① 文化部办公厅关于开展第六次全国县级以上公共图书馆评估定级工作的通知[EB/OL].[2022-05-10].http://zwgk.mct.gov.cn/zfxxgkml/ggfw/202012/t20201205_916591.html.

② 中华人民共和国文化和旅游部.公共图书馆评估指标　第1部分:区域公共图书馆事业发展:WH/T 70.1—2020[S].北京:中国标准出版社,2020.

③ 中华人民共和国文化和旅游部.公共图书馆评估指标　第2部分:省、市、县级公共图书馆:WH/T 70.2—2020[S].北京:中国标准出版社,2020.

④ 中华人民共和国文化和旅游部.公共图书馆评估指标　第3部分:省、市、县级少年儿童图书馆:WH/T 70.3—2020[S].北京:中国标准出版社,2020.

⑤ 张雅琪,杨娜,李诣斐,等.面向数字图书馆的公共图书馆评估[J].数字图书馆论坛,2017(5):18-24.

⑥ 文化和旅游部办公厅关于开展第七次全国县级以上公共图书馆评估定级工作的通知[EB/OL].[2022-07-12].http://zwgk.mct.gov.cn/zfxxgkml/ggfw/202206/t20220602_933319.html.

面提出了一套绩效评估指标。未来，一方面可以对已有评估评价标准进行修订，补充、细化有关智慧图书馆建设的指标和内容。例如，可在服务评估指标中补充个性化知识推送、智能导览服务等方面的内容[①]。另一方面，针对图书馆智慧化程度和水平的专门评估评价，可采用成熟度模型，将智慧图书馆建设划分为萌芽期、发展期、成熟期和创新期四个不同的阶段[②]，从智慧技术与设施、智慧资源、智慧服务、智慧空间等方面的供给和利用维度，提出评价总体框架及分项评价指标，确定评价指标权重和评价方法，建立智慧图书馆评价模型和评价指标体系，对图书馆智慧管理运行效率及智慧服务效能等进行科学立体评价，评估判断智慧图书馆发展成熟度等级，为智慧图书馆建设提供目标管理和运行成效评估的有效工具。

（执笔人：邱奉捷、韩新月、韩超、王浩、张孝天）

---

① 段美珍,初景利,张冬荣,等.智慧图书馆建设评价指标体系构建与解析[J].图书情报工作,2021（14）:30-39.

② 丛敬军,尤江东,方义.智慧图书馆建设成熟度评价指标体系构建研究[J/OL].图书馆论坛:1-9[2022-05-18]. http://kns.cnki.net/kcms/detail/44.1306.G2.20210820.0846.002.html.

第六章　我国智慧图书馆标准体系建设路径与标准实施对策

本书前五章在综合分析智慧图书馆标准体系研究和建设现状的基础上，充分调研了智慧图书馆建设的标准化需求，研究提出了智慧图书馆标准体系框架，并对标准体系框架的结构和具体内容进行了阐述。为了保障标准体系的落地，还需要明确"重点优先建哪些标准""怎么建""建好之后怎么用"等问题。本章将围绕上述问题，提出智慧图书馆标准体系具体建设路径与实施对策建议，包括智慧图书馆标准体系与图书馆标准体系的融合策略、标准建设的重点领域和优先事项、标准复用及制修订策略和标准实施的对策等。

第一节　智慧图书馆标准体系融合策略

虽然本书为满足促进、引导和规范智慧图书馆的快速发展，提出了智慧图书馆标准体系的框架，但这并不意味着智慧图书馆标准将成为图书馆标准体系框架中的独立子体系。对于这个问题，可以借鉴数字图书馆标准建设历程来综合考量。智慧图书馆是现代科技在图书馆行业的应用，这种应用及其所带来的影响是深入图书馆的每根毛细血管的，也将映射到图书馆几乎所有的标准中。在智慧图书馆快速发展的主要时期，研究建立专门的标准体系，有利于将标准化工作聚焦于智慧图书馆建设中关键技术应用的主要切入点，以及可能出现重大变化的主要领域，并引导智慧图书馆建设不偏离通过技术应用促进事业发展的最终目标。与此同时，智慧图书馆专门标准应当也能够无障碍地融入图书馆标准体系，从而丰富图书馆标准体系的内容。这一做法的可行性与科学性在数字图书馆建设时期已经得到验证。

为实现上述目标，在智慧图书馆标准体系构建之初就需要考虑该体系与图书馆标准体系的有机融合。本研究所构建的智慧图书馆标准体系中，技术标准、服务标准、管理标准三个子体系可以直接纳入图书馆标准体系的相应子体系，数据标准子体系可纳入图书馆标准体系的资源标准或管理标准子体系，空间标准子体系可纳入图书馆标准体系的建设标准子体系，基础标准子体系可视具体情况纳入管理标准或技术标准子体系。图 6-1 呈现了本书所构建的智慧图书馆标准体系与图书馆标准体系的融合方式。未来在具体标准制定过程中，也应当突出智慧图书馆重点规范的流程、方法、技术、要求等，同时标准的具体内容应与图书馆已有相关标准保持必要的一致性或延续性，从而通过标准内容引导已有业务与智慧图书馆业务的融合。

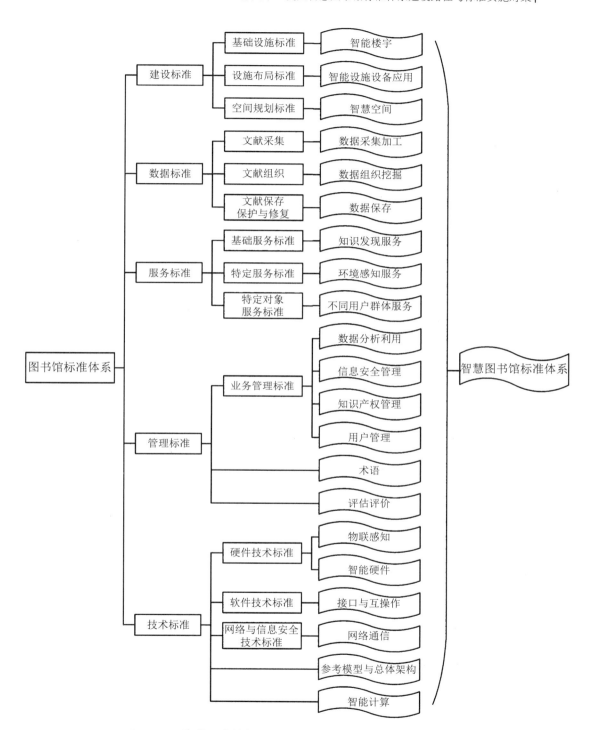

图 6-1　智慧图书馆标准体系与图书馆标准体系融合示意图

第二节　智慧图书馆标准建设重点领域和优先事项

本研究对国内外智慧图书馆相关标准建设情况进行了梳理，并通过访谈和问卷调研了学界和业界对标准规范的认知与需求，本节在此基础上结合全国智慧图书馆建设的现实需要，提出需要重点关注和优先研制的标准。

一、尽快研制智慧图书馆术语和参考模型与总体架构标准

当前学界和业界对智慧图书馆建设的讨论十分热烈，但对智慧图书馆的理解存在较大差异，统一基本概念和术语能够减少交流沟通的障碍，并取得对智慧图书馆基本问题的一致性理解，为标准体系中其他标准的研制提供一致性基础。在对智慧图书馆建设中的一些重要基本概念和重点术语进行规范时，可以在借鉴通用领域或相关领域标准的信息技术术语的基础上，重点界定智慧图书馆建设各环节中资源、服务、空间、管理等领域重要术语的内涵和外延。而明确智慧图书馆建设的整体参考模型与总体架构能够确保智慧图书馆建设的协调性，一定程度上降低整体建设成本。在研制智慧图书馆建设的参考模型与总体架构标准时，应明确顶层设计、业务流程架构、基础设施、系统和数据架构等内容，以便对后续智慧图书馆标准化工作提供统一规范，为智慧图书馆建设实践提供参考依据。

二、抓紧研制接口与互操作等相关技术标准

从当前各地智慧图书馆建设的实践来看，很多都以智能硬件和智慧图书馆管理系统的部署为重要抓手，以此带动资源、服务和管理的智慧化转型。在此过程中，图书馆新旧管理系统之间、管理系统与智能硬件之间等不同层面的网络传输、数据传输、集成管理等问题将十分普遍。同时，相关软硬件的建设和开发一般会涉及与不同厂商合作，要保证软硬件系统的协调性和开放性，确保数据流和业务流的有效衔接，避免建成数据孤岛和系统孤岛，亟须由图书馆行业主导，建立专门的接口与互操作标准进行规范。因此，需要抓紧研制各类人机交互设备的引入和改造规范、智能硬件的数据采集规范、管理系统层面的互操作规范等，为图书馆和相关软硬件厂商提供现实指导。

三、加强研制智慧图书馆数据标准

在数字信息社会，图书馆的资源形态、来源、结构、用途等都在发生变化，特别是一些过去被图书馆界忽略或受技术等限制无法深入处理的业务数据、服务数据等，逐渐有了更多的应用场景，也有了待挖掘的潜在价值，这些数据的价值，可以更好地贡献于图书馆的业务工作与服务工作。除了扩大数据资源的范围外，数据的深度揭示和广泛关联、资产管理及交易等将变得更加重要。因此，智慧图书馆数据标准制定要侧重于各类异构数据的汇集整合，特别是围绕各类数据资源的采集、编码、存储、服务、分析挖掘、再利

用的全生命周期①，制定统一的标准。要重点关注知识数据的深度揭示和语义关联，包括数据资源的精细化标引、知识内容抽取、语义化描述规则、知识图谱等标准。

第三节　智慧图书馆标准复用及制修订策略

　　智慧图书馆建设涉及图书馆各方面工作，其标准建设不能四面开花，也不能无视相关领域的标准成果而完全自主研制，应综合采用复用、修订、研制等多种方式，满足标准化工作的需要。根据中共中央、国务院 2021 年 10月印发的《国家标准化发展纲要》，人工智能、新一代信息技术、大数据、区块链等领域的标准研制将是未来一个时期我国标准化工作的重点②。结合上文介绍的人工智能、知识图谱、智慧城市等领域标准体系来看，相关标准的制定与出台将会非常密集。图书馆是技术的应用者，而非技术的研发者，对智慧图书馆建设而言，所用到的绝大多数技术标准一般情况下无须自行研制，直接复用相关领域标准即可，如个别关键核心技术在图书馆的应用有明显特异性，必须加以规范时，可研制专门技术应用标准，或将标准研制的重点放在对成熟技术在智慧图书馆建设领域应用的规范性要求上。对于图书馆界已有标准，如仅补充部分内容即可满足智慧图书馆建设的需要，则应优先采取修订策略，一方面可用较小的成本满足需求，另一方面也在标准层面实现了业务的融合，使得标准体系更为紧凑。对于智慧图书馆建设实践中需要

---

① 卢小宾,洪先锋,蒋玲.智慧图书馆数据标准体系研究[J].图书情报知识,2021（4）:50-61.

② 中共中央　国务院印发《国家标准化发展纲要》[EB/OL].[2022-06-02].http://www.gov.cn/gongbao/content/2021/content_5647347.htm.

而现行标准未涉及的领域，可开展专门标准研制。本部分将从通用标准的复用、已有标准的修订和新标准的研制三个维度提出智慧图书馆标准的复用和制修订思路。

一、标准复用策略

如前所述，智慧图书馆建设所应用的云计算、大数据、物联网、工业互联网、区块链、人工智能、虚拟现实和增强现实等相关技术的标准化工作已取得较大进展[1]，可选择这些领域已有通用技术标准进行复用。复用策略如下：

（一）在通用技术标准选择上坚持以适用性为基本

复用，既包括以初次利用的同样功能的使用，也包括面向区别于初次使用功能的新领域的利用[2]。通用技术标准的复用不应是简单的"照搬"，物联网、云计算、大数据等领域目前已发布了多项标准，但这些标准并非都适用于智慧图书馆建设，在选用技术标准时应根据智慧图书馆建设需要和功能需要，选择适用于智慧图书馆建设的相关技术标准，并根据智慧图书馆特性进行调整改造后复用。

---

① 中华人民共和国国民经济和社会发展第十四个五年规划和2035年远景目标纲要[EB/OL].[2021-03-13]. http://www.gov.cn/xinwen/2021-03/13/content_5592681. htm.

② 邱春艳.科学数据元数据记录复用研究[D].武汉：武汉大学,2015:33.

（二）在通用技术标准复用上突出图书馆的智慧属性

目前通用技术标准更多是针对智能技术的标准，主要从智能技术的通用要求、技术要求、功能应用等方面加以规范。但对智能技术的应用并不能等同于智慧图书馆，智能技术是图书馆向智慧图书馆转型的必要但非充要条件[①]，因此公共图书馆在复用通用技术标准时，应在数字化、网络化、智能化的信息技术特征基础上突出图书馆的智慧属性，突出通用技术标准在图书馆的应用特性。而不是简单地将智能技术标准进行叠加使用。

（三）重视通用技术标准复用的协同性

智慧图书馆是大数据分析、人工智能、物联网等众多技术的集中使用地，很多技术领域已有国际标准、国家标准、行业标准，在对通用技术标准复用时要重视标准之间的协同性。同时还应重视技术之间的兼容性和整体一致性，避免标准复用造成技术冲突。要从智慧图书馆发展全局，考虑各技术标准的衔接，使通用技术标准可真正实现与智慧图书馆建设需求匹配。

二、标准修订策略

我国图书馆界经过多年的探索与发展，在标准建设方面取得了丰硕成果，目前已建立了涵盖建设、资源、服务、管理、技术的较为系统的图书馆

---

① 初景利,任娇菡,王译晗.从数字图书馆到智慧图书馆[J].大学图书馆学报,2022（2）:52-58.

标准体系。而在数字图书馆领域，经过二十多年的努力，数字图书馆标准从以资源加工与描述标准为主逐步扩展到覆盖数字资源生命周期全过程的标准体系，如今已发展到涵盖网络环境下数字信息系统互操作的多方面标准[①]。可结合智慧图书馆的特点和建设需求，对部分现行图书馆标准加以修订，在原标准规范文本的基础上，补充完善与智慧图书馆建设有关的新要求、新方法、新工艺、新内容、新流程等，以适应智慧图书馆建设需要。重点选择那些与智慧图书馆建设业务关联度较大的标准进行修订，特别是数字图书馆领域的有关资源、技术等的标准，可优先考虑是否需要进行针对性修订。目前已有一些学者将有关 RFID 的应用、统一资源标识符等数字图书馆标准归入智慧图书馆类别，可优先对这些标准进行判别，无须修订依然适用的，可继续沿用；需根据智慧图书馆特性进行修订的，可优先进行修订。

三、专门标准研制策略

除了复用通用技术标准和修订图书馆领域已有标准，智慧图书馆建设过程中还有着许多特殊的标准化需求，需要尽快新研制一批专门标准。在标准研制过程中，需要坚持分级分类的研制思路，坚持需求导向、逐步推进和完善的研制策略，鼓励不同主体的共同参与，以保障标准的科学性和适用性。

---

① 赵悦.我国数字图书馆标准规范体系构建研究[J].数字图书馆论坛,2016(9):9-13.

（一）分级分类研制

根据《中华人民共和国标准化法》的规定，标准包括国家标准、行业标准、地方标准和团体标准、企业标准[①]。不同类型的标准在适用范围、审核要求、研制周期上具有差异，要根据智慧图书馆建设的现实需要，按照分级分类的思路推进研制工作。

在智慧图书馆标准体系下，国家标准、行业标准等全国、全行业适用的标准要充分考虑区域的发展差异和现实条件，既要兼顾发达地区高标准探索的需要，又要考虑欠发达地区发展水平相对滞后的现实。标准不仅能起到规范化的作用，也会对智慧图书馆建设成本产生实质影响。标准并不是要求或指标越高越好，以资源加工为例，同等经费条件下，对资源加工格式、清晰度等数值的要求越高，产出规模及建设成本也相应越高。因此，在相关国家标准和行业标准的研制过程中要平衡好有与无、良好与优秀的关系。地方标准的研制则应立足于满足本区域的特殊需求和创新需要，对于国家标准和行业标准已有要求的，地方标准的要求应不低于国家标准和行业标准。此外，由于管理体制和服务对象的不同，公共图书馆、专业图书馆、高校图书馆、科研图书馆、军队图书馆、中小学图书馆等不同类型的图书馆在资源建设、服务对象、发展方向等方面存在较大差异，标准研制中还应当根据各类型图书馆的特点进行适当的个性化处理，促进各类型图书馆的协同智慧化转型。专家访谈中，有专家提出智慧图书馆标准的研制可以参考自动驾驶分级（L0—L5）的做法，对不同智能化水平提出分级要求。

---

① 中华人民共和国标准化法[EB/OL].[2022-06-02]. http://www.npc.gov.cn/npc/c30834/201711/04d8afd2637d4f68bea84391e46d986f.shtml.

（二）逐步推进和完善

智慧图书馆是一种新的发展理念和发展形态，在总体技术路线和具体应用需求、建设路径尚未完全明确的情况下，其标准化进程不可能一蹴而就，需要在实践中不断完善标准体系，丰富标准内容，应通过实践应用检验标准化成果。本研究从顶层设计的角度，提出了智慧图书馆标准体系框架，希望能够从总体上把握智慧图书馆标准化工作方向。在自上而下的标准体系设计基础上，具体标准的研制仍应当坚持需求导向，在标准体系框架所确定的逻辑关系基础上，逐步丰富标准体系中的具体标准内容；应当建立有效的意见反馈机制，在标准研制过程中全面征求业界专家、图书馆从业人员以及标准化工作人员的意见，确保标准内容的科学性与适用性。

智慧图书馆标准研制的重点应当放在智能化专有设施设备研制与应用、图书馆智慧空间建设、新的智慧服务类型、知识资源建设、数据管理等业务核心领域。尽管标准是实践成果和成功经验的提炼，实践中还是应特别留意将那些如不遵从共同标准将可能导致较为严重的重复建设或给共建共享带来较大阻碍的标准提高优先级。研制标准可根据标准化对象的不同情况，综合采取规范、规程、指南、指导性技术文件等多种呈现形式，特别是对智慧空间建设等探索性比较强的领域，可采用最佳案例推荐的形式引导实践。还要考虑相关实践的成熟度，对于实践基础较好的标准，可优先研制，做到成熟一个、制订一个、研制一个，由点及面，最终推动智慧图书馆标准体系的不断丰富和完善。在实际工作中，由于国家标准或者行业标准需要综合考虑的因素更多，往往立项、研制和发布实施周期更长，而目前很多智慧图书馆建设项目已经启动，标准化工作可能面临"远水解不了近渴"的局面。为此，在标准研制的路径选择上，可以考虑先以项目标准、团体标准或地方标准的形式进行试点，待经过实践检验成熟后再组织相关国家标准和行业标准的研制。目前深圳市已经发布了《公共图书馆智慧技术应用与服务要求》（DB4403/T 169—2021）、《无人值守智慧书房设计及服务规范》（DB4403/T 170—2021）等地方标准，中新天津生态城管委会发布了《中新天津生态城智慧图书馆指标体系》（2020 年），这些局部范围内适用的标准对未来国家标准和行业标准的研制具有重要参考价值。此外，由国家图书馆编制的《智慧图书馆知识资源数据建设指南》，目前虽然只是"全国智慧图书馆体系"建设项目的指南性文件，但随着项目的深入开展，也具有在各地实践基础上不断完善提升为国家标准或行业标准的可能。

（三）鼓励多主体参与

《国务院关于印发深化标准化改革方案的通知》明确要求把政府单一供给的现行标准体系，转变为由政府主导制定的标准和市场自主制定的标准共同构成的新型标准体系，并提出培育发展团体标准、放开搞活企业标准、提高标准国际化水平①。2021 年，中共中央、国务院印发的《国家标准化发展纲要》提出要形成市场驱动、政府引导、企业为主、社会参与、开放融合的标准化工作格局②。

智慧图书馆建设绝非单个图书馆的事情，也不是图书馆一个行业的事情，而是整个数字社会建设中的重要一环，涉及广泛的参与主体。因此，智慧图书馆标准研制要鼓励形成多元参与的格局。具体而言，政府部门要发挥

---

① 国务院关于印发深化标准化工作改革方案的通知［EB/OL］.［2022-06-07］. http://www.gov.cn/zhengce/content/2015-03/26/content_9557.htm.

② 中共中央　国务院印发《国家标准化发展纲要》［EB/OL］.［2022-06-02］. http://www.gov.cn/gongbao/content/2021/content_5647347.htm.

引导作用，全国图书馆标准化技术委员会等标准化组织以及中国图书馆学会等行业协会要加强组织协调，国家图书馆以及行业内其他有标准化工作能力和在智慧图书馆建设实践中有积极探索的公共图书馆、高校图书馆和科研院所图书馆要牵头引领，同时要广泛吸纳产业界甚至用户的参与，共同开发满足智慧图书馆建设需求的标准。

第四节　智慧图书馆标准实施对策

标准的价值只有在其被广泛应用后才能充分体现出来，对于一个完整的标准生命周期而言，标准的制订只是其中一个环节，更为重要的是通过标准实施切实发挥标准规范、引导事业发展并提升管理水平、服务水平的作用。在智慧图书馆标准化工作中，应当坚持从需求出发，而不是将制订标准作为出发点。因此，除了加强标准的制定修订，还需要着力提升智慧图书馆标准应用水平，加强宣传推广、试点实施、评价反馈、动态更新，着力培养一支既懂智慧图书馆业务，又懂标准化工作的人才队伍，充分发挥标准指导和促进智慧图书馆建设实践的作用。

一、多渠道开展标准宣传推广

图书馆已有标准中有一部分实施情况并不理想，究其原因，既有标准自身质量的问题，也有标准宣贯不力的问题。在标准制定发布后，一方面，要依托全国图书馆标准化技术委员会、中国图书馆学会等行业组织及标准制定单位，适时组织开展智慧图书馆标准的宣传推广与应用培训，加强图书馆界及相关领域对已制定发布的智慧图书馆标准的认知度和接受度，推动标准落地实施。另一方面，要拓宽宣传渠道，充分利用微信、微博、抖音等新媒体渠道，持续宣传智慧图书馆标准化作用以及其理念、知识和方法等，提高业界标准工作意识和认知水平。

二、结合重大工程项目，推动标准体系建设

重大工程项目的建设离不开科学、合理、完善的标准体系，我国曾先后组织实施了国家数字图书馆工程、高等教育数字图书馆工程、中美百万册数字图书馆等数字化建设项目，并结合工程项目需求形成了较为完善的项目标准，这些项目标准为之后制订数字图书馆领域国家和行业标准奠定了坚实基础。2021年4月，文化和旅游部发布《"十四五"文化和旅游发展规划》，明确提出开展全国智慧图书馆体系建设项目，可考虑根据该项目及其他全国、地方在建或已建的智慧图书馆领域重大工程项目的建设需要，制订工程项目标准，待成熟后转化为国家标准或行业标准；同时，可以首先在这些工程项目内实施智慧图书馆标准，既有助于促进智慧图书馆标准在工程建设实践中不断完善，同时也有助于推动重大工程项目的建设实施，提高工程项目的建设水平和可持续发展能力，推动工程建设与标准实施的有效衔接。

三、以试点为基础，开展标准的推广实施

除依托工程项目推进标准实施外，也可以考虑在全国范围内开展标准试点工作，通过试点来检验标准的成熟度及适用性，为在更大范围内推进标准实施积累经验。2021年文化和旅游部发布的《"十四五"文化和旅游发展规划》①和《"十四五"文化和旅游科技创新规划》②也提出了开展文化和旅游融合背景下的标准化试点工作，认定一批标准化示范单位的任务要求。结合上述要求，在形成智慧图书馆标准草案后，可遵循试点先行、循序渐进的原则，结合智慧图书馆特点优先选择技术相对成熟、有一定实践基础、实力与理念兼具的地区或图书馆试点，并根据试用反馈情况不断修订完善，还可以吸纳相关产业领域代表参与标准化工作，甚至进行实验验证，待标准相对成熟后再发布实施。

四、建立健全标准应用的评价和反馈机制

有效的评估不仅可以监测标准在实践中的实施情况，还能"以评促建"，优化标准研制工作③。在智慧图书馆标准推广实施过程中，应建立从标准制修

---

① 文化和旅游部关于印发《"十四五"文化和旅游发展规划》的通知[EB/OL].[2022-06-07]. http://www.gov.cn/zhengce/zhengceku/2021-06/03/content_5615106.htm.

② 文化和旅游部关于印发《"十四五"文化和旅游科技创新规划》的通知[EB/OL].[2022-06-07]. http://www.gov.cn/zhengce/zhengceku/2021-06/11/content_5616972.htm.

③ 饶权.中国图书馆事业发展报告·图书馆标准化卷[M].北京:中央编译出版社,2019:392.

到应用实践全生命周期的评价反馈机制。一方面，及时发现已发布标准中不符合现实情况或不适应技术发展变化的内容，不断修订完善；另一方面，对标准实施效果进行评价考核，并将评价结果及时反馈到标准立项、起草、复审和管理等工作中，形成标准化工作的良性循环，以提高智慧图书馆标准的适用性和有效性。

五、动态维护更新

智慧图书馆还是一个正在发展中的新事物，我们对它的认识和了解还远远不够深入系统，本研究所构建的智慧图书馆标准体系，也只是基于目前的认识水平和初步的实践探索，应当随着认识的深化、技术的进步和智慧图书馆的发展变化不断对标准体系进行动态更新和迭代优化。此外，一个完整的标准体系还应当包括标准明细表，需要根据智慧图书馆的建设需求不断明晰、不断完善。同时，要兼顾标准化与个性化的关系，在标准化的前提下，支持和鼓励有条件的图书馆，开展个性化创新探索。尤其重要的是，作为一个重点关注与规范新技术应用的标准体系，其生命力在很大程度上体现在开放性上，只有保持足够的开放性，开放应用人工智能、知识图谱、智慧城市等相关技术领域的发展成果，并保持自建系统与资源的良好开放性，才能更好地适应技术的快速发展变化，也才能使图书馆的信息与知识服务更好地支撑与融入整个数字社会的建设与发展。

六、加强标准化人才队伍培养

根据智慧图书馆标准化工作的目标及需求，制订系统培训计划，面向图书馆员重点围绕标准化工作的基本原理、智慧图书馆标准体系及具体标准成果进行培训，加强标准制定与应用指导，通过标准的制定、宣贯、实施，培养一批兼具过硬智慧图书馆业务能力和标准化工作能力的"双栖"馆员，为智慧图书馆标准化工作提供人才支撑。

七、积极开展国际交流与合作

从目前跟踪情况看，我国图书馆在智慧化转型升级中与发达国家图书馆基本同时处于探索阶段，智慧图书馆标准在很多领域仍是空白。这一方面意味着我国在智慧图书馆建设中可供借鉴的经验并不多，但另一方面也意味着我们有机会去主导智慧图书馆领域国际标准的制定。因此，应积极开展国际交流与合作，加强与 ISO、IFLA 等国际组织的沟通，力争牵头开展有关国际标准的制定，将具有广泛适用性的标准上升为国际标准，提升我国在智慧图书馆标准建设领域的话语权。

中共中央、国务院印发的《国家标准化发展纲要》提出"到 2035 年，结构优化、先进合理、国际兼容的标准体系更加健全"等远景目标，将加强人工智能、新一代信息技术、大数据、区块链等关键技术领域标准研究，加快推进信息基础设施、智能建造、数字社会、数字乡村等，健全完善智慧城市、智慧社区、公共文化体育标准作为未来标准化建设的重要内容①。智慧图书馆标准是我国标准化工作的重要内容。一方面，信息基础设施、关键技术领域标准研制工作的推进，将为智慧图书馆标准体系复用相关技术标准提供良好的基础，有助于智慧图书馆标准化工作提质增效。另一方面，应主动将智慧图书馆标准化工作纳入国家标准化战略大局，增强智慧图书馆标准体系的开放性、关联性，通过标准引导智慧图书馆建设嵌入智慧社区、智慧校园、智慧城市等各类智慧平台中融合发展，使智慧图书馆建设成果惠及更广大的社会群体。

（执笔人：张孝天、王浩）

① 中共中央 国务院印发《国家标准化发展纲要》[EB/OL].[2022-06-12].http://www.gov.cn/zhengce/2021-10/10/content_5641727.htm.

附录1　智慧图书馆标准体系构建开放式访谈提纲
（面向专家）

尊敬的 _____：

您好！发展智慧图书馆是"十四五"时期推动国家图书馆和全国公共图书馆事业高质量转型创新的重要抓手，已被纳入《中华人民共和国国民经济和社会发展第十四个五年规划和 2035 年远景目标纲要》。经过前期深入调查研究，国家图书馆于 2020 年策划启动了全国智慧图书馆体系建设项目。在项目建设中，我们坚持标准先行的思路，在起步阶段同步开展标准体系框架构建和标准研制工作，以最终建立一套较为完善的智慧图书馆标准体系，为全国智慧图书馆体系建设和各级各类图书馆的智慧化转型提供标准支撑。

本访谈主要用于征集智慧图书馆标准体系建设需求及重点标准研制建议，为后续研究提供支持，为全国智慧图书馆建设标准化、规范化发展提供支撑。访谈内容将被用于学术研究，并严格实行保密原则，请您放心参与。非常感谢您的支持与配合。

访谈题目

1.项目组经过前期的研究与探讨，将智慧图书馆标准体系划分为基础标准、技术标准、资源标准、服务标准、空间标准、管理标准六个大类，具体见附件"智慧图书馆标准体系框架"。您认为这个框架设计是否合理，有何修改建议？如认为这一框架较为合理，请在此基础上给出您的修改建议，并对这六部分标准应包含的具体内容提出意见建议；如认为这一框架不够合理，请对智慧图书馆标准框架及每一部分应包含的具体内容提出意见建议。

2. 请简单介绍一下您了解到的国内外主要智慧图书馆项目及贵单位开展的相关建设项目，以及在这些项目建设中应用了哪些标准。

3. 您认为智慧图书馆标准建设的重点领域应包括哪些？并请阐述您的理由。

4. 请结合您对智慧图书馆及智慧图书馆标准规范有关情况的了解，谈谈需要优先制定哪些方面的标准，列举一些亟须制定的智慧图书馆标准名称，并阐述您的理由。

5. 您认为在智慧图书馆建设中应如何更加有效地推进标准的贯彻实施？

附件：

智慧图书馆标准体系框架

智慧图书馆涉及图书馆业务和管理的各个环节，结合智慧图书馆特点，我们将智慧图书馆标准体系初步划分为基础标准、技术标准、资源标准、服务标准、空间标准、管理标准等六部分，每一部分再根据智慧图书馆建设特性进一步细分，见图附 1-1。

其中，基础标准包括术语标准、参考架构标准等基础共性标准，支撑标准体系结构中其他部分。术语标准用于统一智慧图书馆相关概念术语定义；参考架构标准主要是规范智慧图书馆相关的整体架构，及各部分逻辑关系和相互作用，为开展智慧图书馆实践和相关标准研制工作提供定位和方向建议。

技术标准以智慧图书馆建设中相关业务模块和业务流程所需的支撑技术范畴来划分，包含物联感知标准、网络通信标准、计算与存储标准、接口与互操作标准等。

资源标准主要包含对资源内容的知识采集、知识组织、知识保存等几个方面。

服务标准可从两个维度进行细分，一是从服务内容维度细分为环境感知服务标准（包括基于智慧环境的无感借阅、室内 3D 导航、智能导览等服务的规范）和知识发现服务标准（包括基于知识的智能问答、虚拟参考咨询、智能检索、个性化知识推荐等服务的标准）；二是面向特殊群体提供智慧服务的标准。

空间标准对图书馆实体智慧空间建设提供规范和指引，包括智能楼宇、空间建设、设施设备应用三类标准。

管理标准聚焦智慧图书馆业务管理和组织管理中的标准化需求，包括数据管理规范、信息安全管理规范、知识产权管理规范、评估评价规范。

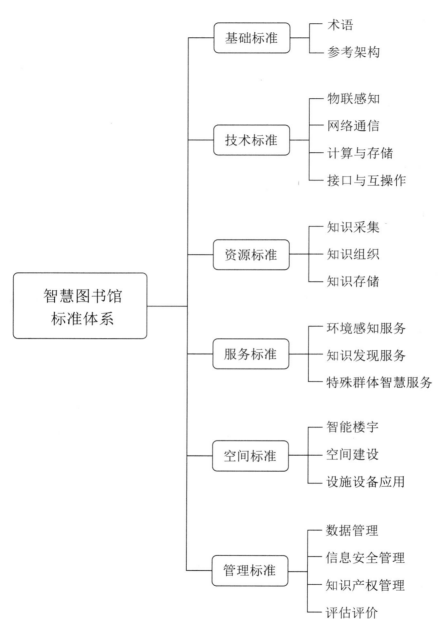

图附 1-1　智慧图书馆标准体系框架

附录2　智慧图书馆标准体系建设调查问卷
（面向图书馆）

1. 您认为是否有必要制定智慧图书馆标准规范？（　　　）

A. 非常有必要

B. 有必要

C. 不太必要

D. 没必要

E. 不清楚

2. 研究团队在调研已有实践和研究成果的基础上，提出了包含基础标准、技术标准、资源标准、服务标准、空间标准、管理标准六个部分的智慧图书馆标准体系框架（见表附2-1）。表中各类标准中，您认为应重点研制及优先研制哪些标准？请在下表相应方框内打"√"。

表附2-1　智慧图书馆标准体系框架研制情况调查表

标准类别		重点研制	优先研制
基础标准	术语		
	参考架构		

续表

标准类别		重点研制	优先研制
技术标准	物联感知		
	网络通信		
	计算与存储		
	接口与互操作		
资源标准	知识采集		
	知识组织		
	知识存储		
服务标准	环境感知服务		
	知识发现服务		
	特殊群体智慧服务		
空间标准	智能楼宇		
	空间建设		
	设施设备应用		
管理标准	数据管理		
	信息安全管理		
	知识产权管理		
	评估评价		

3. 除了上述标准，您认为还有哪些智慧图书馆领域的标准迫切需要研制？请列举，并说明标准需要包含的主要内容。

4. 您所在的单位在之前标准规范制定或实施过程中，遇到过哪些困难或挑战？